여보게 저승은 어드메인고

정인스님 편저

서음미디어

불교에서 '이승'은 현재 우리가 살고 있는 이 세상을 말하고, '저승'은 사람이 죽어서 육신은 땅에 묻히거나 한줌의 재가 되고, 혼령이 가서 사는 곳을 말한다.

저승─소위 사후세계에 대한 의문은 인류가 탄생하고부터 현재에 이르기까지 전 세계 공통의 수수께끼로서 취급되어 온 미해결의 영원한 숙제라고 할 수 있다.

4차원의 세계를 살아가고 있는 우리는 인간은 '죽으면 그것으로 끝이다'라는 생각과 '생명은 영원한가'라는 생각을 해 볼 필요가 있는 시점에 와 있다.

'죽으면 그것으로 끝이다'라는 가설과 '생명은 영원하다'는 가설을 일직선상 입장에서 생각할 때 '죽으면 그것으로 끝이다'고 느끼는 사람은 기차여행에서 중간 역에서 하차하는 것과 같고, 영원한 생명을 믿는 사람은 종점까지 아무런 걱정없이 여행하는 사람과의 차이라고 비교할 수 있다. 인생도 이와 같이 '중간 정거장에서 내리는 것이 아니므로 종착역까지 간다'는 태도로서 이웃과 서로 양보하며 인생을 끝낼 수 있는 것이

행복하다.

'죽으면 그것으로 끝이다'라고 생각하는 사람들이 옛날보다는 많이 감소됐으나 아직도 상당히 많은 편이다. 아직도 '죽으면 끝이다'라고 생각하는 사람들이 외국보다 우리가 많은 것은 어설픈 과학맹신주의 때문이라고 본다.

끝까지 '인간은 죽으면 끝이다'와 같은 굳어진 마음이 아니고 '생명의 영원성'을 믿는 편이 자기 자신뿐만 아니라 이웃 사람, 전 세계를 위하여 박애정신으로 조화를 이룰 수 있다고 본다. 이 같은 점에서도 생명이 영원하다는 것을 솔직하게 받아들일 필요가 있는 것이다.

나는 '생명은 영원하다, 그리고 사후의 세계는 분명히 존재한다는 확신을 갖고 있다. 이제부터 이 확신들을 여러 가지 현상을 통해 설명함으로써 '사후세계'에 관한 의문들을 풀어줄 것이다.

이 책에 수록된 내용들은 임유양 선생이 남긴 「저승문답」과 일본의 나까오까 도시야, 단바 데쯔로우, 헤롤드 셔어먼, 한스 홀쩌의 사후세계 체험보고들을 참조하였음을 밝혀둔다.

끝으로 본서에 「저승문답」을 수록토록 흔쾌히 허락해 주신 원광대 사범대 박금규 교수님께 감사를 드립니다.

편저자

차 례

 차 례

제1부
저승문답

「저승문답」에 붙이는 글

박 금 규

원광대학교 사범대 한문교육과 교수

이 「저승문답」(원제 : 幽冥問答錄) 이야기는 1945년경 중국의 제2 포청천으로 명성을 드날렸던 명판관 여주(黎澍)선생의 실제 저승에서의 재판 상황을 그 내용으로 담고 있다.

여주선생은 1882년 태어나신 분으로 그의 나이 19세인 서기 1900년부터 4~5년간 저승의 명부 판관(재판관)을 했던 것으로 기록되어 있다.

세간의 보통사람이라면 감히 생각지도 못할 기상천외한 저승에서의 재판 이야기가 세상에 드러나게 된 경위는 다음과 같다.

여주선생은 알려진바 대로 나이 많고, 덕이 높고, 또 명판관으로 소문이 난 사람이다. 그분은 늘 평소에 자신이 저승 판관으로 다년간 있었고, 수면중에 잠깐씩 저승 명부(冥府)에 가서 그 옥안(獄案)들을 처리하고 왔노라고 말하곤 하였다는 것이다.

또한 저승 판관이 된 처음에는 비밀을 간직하려 속내를 드러내지 않았는데, 뒤에 부모님이 빈방에 혼자 있으면서 간간이 사람들과 이야기하는 소리를 들으시고 차차 실정을 알게 되었다고 한다.

이야기를 전해들은 사람은 여주선생과 아주 절친한 사이였던 당시 중국군 참모장 임유양이었는데, 그는 본격적으로 그간의 경위를 직접 묻게 되었고, 이에 대한 여주선생의 구술을 손수 기록하게 되었다. 마침내 여주선생의 구술(口述)을 손수 수록한 「저승문답」이란 기록이 마침내 세상에 남겨지게 된 것이다.

흔히들 요즘 신세대들은 자칭 소위 과학과 문화를 맹신 신봉하며 연연하여 저 신명세계 귀신이야기를 하면 아주 질겁을 하고, 무슨 벌레를 씹었거나 똥 밟은 것처럼 몸서릴 치고 도망간다. 그리고 아주 무지몽매한 미개인 취급을 하고 있다.

그리하여 저 신명세계를 부정하는 현대 문화인들이 살인·강도, 강간·부정·비리를 이처럼 서슴없이 자행하는 것일까? 저승세계를 무시하거나 믿지 않기에 생혈을 빨고 인육을 뜯는 저 막가파나 지존파 등이 생기는 것이 아닐까?

모든 종교의 가르침이 이 '심령'― '신명세계'에 중점을 두고 교화하는 것일 텐데, 이렇게 번창한 종교의 주장이 무슨 힘이 있단 말인가?

불교의 '윤회설'은 차치하고서라도 인류의 영원한 스승인 공자도 그 「주역(周易)」 계사편에서 이르기를, '역은 위로는 천문을 관찰하고 아래로는 지리를 살피고 있다. 그러므로 이승과 저승의 일을 알며, 사물의 시초를 미루어 사물의 종말을 알 수 있는 것이다. 그러므로 죽고 사는 이치를 알 수 있으니, 정기(精氣)가 엉기어 모인 것이 생물이 되고 변하여진 것이 영혼인 것이다. 그러므로 귀신의 실체와 정상을 알 수 있는 것이다.'라고 하였고, 또 「중용(中庸)」에서 말하기를, '귀신의 덕됨이 왕성하기도 하구나. 보려고 해도 보이지 않고 들으려 해도 들리지 않지만 만물의 본체가 되어 있어 빠뜨릴 수가 없다.'라고 하였다.

그런데 소위 사대부라고 하는 사람들이 귀신을 무시한다든지 귀신을 말하기를 꺼린다는 것은 바로 공자를 무시한 것이며, 주역을 모르기 때문인 것이다. 우주 자연의 섭리가 이것이 있으면 저것이 있고, 모난 것이 있으면 둥근 것이 있는 것이다. 이걸 미루어 생(生)과 멸(滅), 음(陰)과 양(陽), 유(幽)와 명(明), 인(人)과 귀(鬼)가 모두 상대적으로 넓혀져 존립하는 것이 사물의 당연한 이치인 것이다.

내가 이 책을 읽고 난 뒤 두렵고 한편 무서워 떨면서 지나온 일들을 반성하고 다짐하였다.

귀신을 믿고 안 믿고 간에 어쨌든 이 한편의 책은 권선징악의 공이 모두 갖추어 있어서 세상인심을 바로 잡는 데 유익된 바가 없지 않겠기에 여기에 번역하여 게재하는 바입니다.

베일 속의 영혼과 4차원 세계, 최초 공개!
◆ QA 저승문답 ◆

문: 선생께서는 지난날 일찍이 저승의 판관으로 계셨다는데 정말 그랬습니까?

그렇습니다. 세상 사람들이 이런 말을 들으면 모두 괴이하게 여길 터이지만 나로서 볼 것 같으면 그 일이 일상적인 일이었기 때문에 조금도 괴이하지 않았습니다.

문: 그것이 어느 때의 일이었습니까?

청나라 말 광서(光緖) 경자(庚子, 1900년) 무렵의 일로써 내 나이 열아홉 살 때의 일이었습니다.

문: 소임은 어떤 직무에 관계했으며, 어느 부서 밑에 속했습니까? 그리고 직원은 몇 명이나 있었는지요?

동악부(東嶽府) 밑에 속했습니다. 그러나 나는 처음부터 끝까지 그 동악은 보지 못했습니다. 다만 사건을 집행한 뒤에 공문서를 가지고 보고를 올렸을 뿐입니다.

나는 그때 분정(分庭)의 재판장을 맡았었는데, 따로 배심원 4명을 두었었고, 봉사한 귀졸(鬼卒)들은 그 수를 헤아릴 수 없었습니다.

문: 저승 판관을 몇 년이나 맡았었습니까? 그리고 그 일은 매일 가서 처리했습니까? 또 어느 지방을 관할했었습니까?

전후 4~5년간을 했었고, 날마다 가서 했습니다. 관할구역은 화북(華北)의 5성을 맡았었습니다.

문: 저승의 관아에서는 왜 선생을 판관으로 삼았었는지요?

나 또한 일찍이 같은 사건을 맡아서 조사한 일이 있었기 때문이지요. 또 내가 여러 생(生)에서도 저승 판관을 했었습니다. 그 속세 인연으로 다시 그 일을 맡았을 뿐입니다.

문: 저승에도 규정 법률이 있습니까? 있다면 선생은 그런 율법을 학습하지 않았을 터인데, 어떻게 재판에 착오가 없을 수 있을까요?

내가 그 규정 법률이 있었던 것을 못 보았던 것 같은데, 다만 그 제안을 판결하면 저절로 그 급소에 정확히 들어맞았었습니다. 그러므로 처음부터 오래 생각할 필요가 없었습니다.

문: 선생이 맡아서 했던 일은 어떤 종류의 사건이었습니까?

내가 맡았던 일은 사람이 죽은 지 10개월 이내의 것으로, 그 사람의 생전에 지은 선행과 악행의 사건을 주로 맡아서 했습니다. 기한을 넘긴 일은 따로 맡아서 처리하는 주무자가 있었습니다.

문: 선생은 그때 염라대왕을 보았습니까?

처음부터 끝까지 한 번도 염라대왕을 본 적이 없습니다.

문: 사람이 생전에 했던 선악의 행위를 귀신이 어떻게 다 알고 다 볼 수 있단 말입니까? 빠뜨리지 않고 다 기록되어 있습니까?

예. 귀신은 형체가 없는 것도 능히 다 볼 수 있고, 소리가 없는 것도 다 들을 수 있습니다. 인간 세계의 온갖 사상과 행위를 하나도 빠뜨리지 않고 귀신은 스스로 다 알 수 있습니다. 그 기록도 하나도 빠뜨리지 않고 다 기록되어 있습니다. 그리고 또 귀신은 사람의 머리 위의 붉고, 누렇고, 희고, 검은 빛깔을 보고서 그 사람의 행위와 생각의 선악을 다 알 수 있습니다.

문: 죄를 지은 귀신도 또한 교활한 변명을 합니까?

극히 많습니다. 죄를 지은 귀신은 그가 지은 죄악에 대해서 거의가 다 교활한 변명을 늘어놓습니다. 그러다가 그 죄의 확실한 증거를 제시하면 그때서야 고개를 푹 떨어뜨리고 아무 말이 없습니다.

한번은 한 귀신을 심판한 적이 있는데 그 사람이 생전에 겉으로는 위선적인 행위를 저지르고 남모르게 못된 짓들을 다 했습니다. 그리하여 그 악행의 범죄 사실에 대해서 극력 부인을 했는데, 내가 보니까 그 사람의 죄악이 산처럼 쌓여 있었어요.

증거를 확실히 파헤쳐서 극형을 가하려 하는 찰라에 그 귀신이 뜻밖에도 〈금강경(金剛經)〉을 외우고 있었어요. 그러니까 좌우 배심원들이 그 귀신의 머리 위에서 상서로운 붉은 빛이 나타나는 것을 보고는 황급히 내게 심판을 정지할 것을 요구했습니다.

나는 그 배심원들이 그 귀신한테서 뇌물을 받고 사정에 끌려서 그러는가 의심하고, 이에 형(刑)을 더 무겁게 가하려 하는

데 그 귀신이 더욱 정성을 다해 〈금강경〉을 외우는 것이었습니다. 그러자, 좌우 배심원들이 나더러 '빨리 일어나서 삼가 공손히 서 있어라'고 하더군요.

내가 이르기를. '나는 법정의 우두머리인데 어찌하여 범죄자를 향하여 공손히 서 있어야 하느냐?'고 했더니 좌우 배심원들이 다시 이르기를, '아닙니다. 이 귀신의 머리정수에 불광(佛光)이 이미 나타났는데, 그런데도 그를 심판하면, 부처님을 모독한 게 되니 심판을 정지한 것만 못합니다'라고 합니다. 내가 그때 그들을 보니까, 그들은 모두 일어서서 두 손을 공손히 모으고 서 있는데 그 모습이 어찌나 공경한지 극히 장엄해요. 그래서 내가 그들에게 묻기를, '그러면 이 죄인을 어떻게 판별하여 처리하려 하는가?' 하고 따졌더니 그들 배심원들이 이르기를, '그를 판결하기를 사람의 태(胎)에 보내기를 수차례 하여 그로 하여금 금강경을 기억하여 외울 수 없을 때를 기다려 그때에 가서 다시 그 죄를 다스리면 됩니다.' 그러는 거예요.

그래서 내가 말하기를, '그를 다시 사람으로 태어나게 하면, 그로 하여금 오히려 편의를 주게 되는 것이 아닌가? 또 그를 수차례 사람으로 태어나게 하면, 그가 응보(應報)를 받게 되는 것은 수백 년 이후라야 되는데, 어찌 그리 더디게 하여 그르치려 하는가?'고 했더니 좌, 우에서 말하기를, 그로 하여금 잠깐 태어났다가 금방 태안에서 죽게 하면 몇 년이 안 가서 이미 몇 대를 거친 것이 되니, 그가 지은 죄업은 죄업대로 과

보를 받게 되고, 금강경을 외운 것은 또한 금강경을 외운 공덕이 있게 되니, 이 두 가지가 모두 없어지는 것이 아닙니다. 훗날 그가 지은 죄업을 분별하여 응보를 받게 하면 두 가지 일이 조금도 착오가 없게 됩니다'. 그래요. 그래서 내가 마침내 그렇게 하도록 윤허를 하였습니다.

문: 사람이 죽은 뒤에 그 귀신의 뜻은 얼이 빠져 꿈속 같은 것이 아닙니까? 그렇지 않으면 맑고 성성하여 평상시와 같습니까?

맑고 성성하여 살아 있을 때와 같습니다.

문: 저승에 들어갈 때는 매일 어느 때입니까? 그리고 그 안건을 심리하는 시간은 얼마나 걸립니까?

초기에는 매일 해질 무렵이지만 그 후로는 대낮에도 갈 수 있습니다. 그러나 단 오후에 갑니다. 오고 갈 적에는 모두 간단한 가마를 타고 가는데 달리는 발걸음이 매우 빠릅니다. 그리고 안건을 심리하는데 걸리는 시간은 언제나 짧은 시간 내에 합니다.
그러나 복잡한 안건을 만나면 역시 연장하여 여러 날이 걸리기도 합니다. 다만 이런 경우의 안건은 극히 적습니다.

문: 저승에 들어갈 때 그 사람의 신체는 현재 수면(睡眠)상태입니까?

저승에 들어갈 때는 몸은 평상 위에 누워 있고, 용모는 깊이 잠이 든 것 같습니다. 마시지도 않고 먹지 않아도 또한 굶주리지 않고 목마르지도 않습니다. 어떤 때는 친한 벗들이 갑자기 찾아와서 또 불편한 일을 가지고 이야기하면, 눈을 감은 채 건성건성 대답하는데, 그 모습이 마치 잠에서 깨어난 사람 같았습니다.

어떤 손님이 와서 물으면, 또한 그 물음에 따라 대답하는데 다만 말이 입에서 나오지도 않고, 또 객이 무슨 손님을 하는지도 기억하지 못합니다.

문: 저승에 갔다가 되살아 나오면 정신도 또한 피곤한 줄을 깨닫습니까?

정신은 조금 피곤하고, 그 모습은 마치 막 잠에서 깨어난 사람과 같습니다.

문: 저승에도 음식이 있습니까?

예, 있습니다. 그러나 다만 음식을 허락하지 않습니다.

문: 저승 판관의 복장은 어떻습니까? 그리고 또 그 공문의 격식은 어떻습니까?

내가 저승 판관으로 있을 때는 아직 청나라가 있을 무렵이었습니다. 그렇기 때문에 그 복장과 공문의 격식은 모두 만주국 청나라의 법식과 똑 같았습니다. 다만 중화민국이 들어선 이후로는 고쳐져서 새 제도를 따랐습니다.

문: 저승 판관도 봉급이 있습니까?

예, 있습니다. 다만 사람에 대해서는 조금도 쓸 곳이 없기 때문에 수령하지 않습니다.

문: 저승의 형벌 종류는 얼마나 됩니까?

저승의 형벌 종류는 매우 많습니다. 이 인간세상의 형벌에 비교하면 참혹하기가 백배나 됩니다. 만약 지금 현생의 사람들이 그걸 본다면 소름이 끼칠 정도로 참혹한 형벌이라 할 것입니다. 그러나 나의 경력으로 보면, 인류가 차라리 인간세상의 형벌을 받을지언정 절대로 저승 법정에서는 형벌을 받지 말도록 현생에 살아 있을 적에 잘해야 할 것입니다. 즉 이 세상에서는 실형을 받고, 감옥살이가 끝나면 그것으로 끝나지만, 저승에서는 그 형(刑)이 끝난 뒤에도 또 다시 그 죄과에 따라 다시 추가로 형을 받습니다. 비유하자면, 이 세상에서는 10명을 죽였다면 그 죄는 한번 죽는 것으로 끝나지만 저승에서는 반드시 10번의 처형을 받습니다. 형(刑)이 끝나면 다시 생을 바꿔 태어난 10대 생까지 살인죄의 사형을 받습니다. 그런데 그 형벌이 톱으로 자르고, 맷돌로 갈고, 칼끝이 뾰쪽뾰쪽 세운 산 위를 맨발로 걸어서 오르게 하고, 기름 가마솥에 넣고 수레로 사지를 찢고 하는 등의 벌하는 형(刑)이 실제로 있습니다. 죄의 응보는 참으로 참혹하고 두렵습니다.

문: 저승에서 가장 소중하게 여기는 것은 어떤 종류의 덕행입니까? 그리고 무거운 죄로는 어떤 종류의 죄업입니까?

저승에서 가장 중하게 여기는 것은 남자는 충과 효이고, 여자
는 절개와 효도입니다. 이 두 가지를 행한 사람은 비록 죄업
이 있다 하더라도 반드시 경감하여 줍니다. 무거운 죄악으
로 여기는 것은 음탕한 죄와 살인죄, 이 두 가지입니다. 그
리고 살인죄는 음탕한 죄에 비해 더욱 무겁습니다. 만약에
음탕함으로 인하여 인명까지 살해한 자는 두 가지 중죄를
함께 저질렀기 때문에 한결 더 가혹한 죄를 덧씌우게 되
는 것입니다. 그러므로 예로부터 '만 가지 악(惡) 가운데
음탕함이 첫째요, 백 가지 선(善) 가운데 효도가 제일 먼
저다'라고 하는 말이 참으로 헛말이 아닙니다.

문: 저승에는 문장으로 이루어진 성문법률(成文法律)이 없다는데
   그 죄의 가볍고 무거운 것을 어떻게 저울질합니까?

여기에서 그 범죄의 동기와 발생의 결과를 보고 그 정황을 살
피고 사리를 참작하여서 그 경중을 결정합니다. 지금 여기 현
생에서 절도죄를 한 것을 가지고 비유한다면, 그 절도질을 한
사람이 본래 생계에 압박되어 한 것이고, 망녕되어 다른 나쁜
데에다가 쓰려고 한 짓이 아니라면, 그리고 도둑맞은 사람이
부자인 한 사람에만 관계되었고, 그 액수도 크지 않으며, 또
그 부자의 생계에 별 영향도 없고, 그 부자가 그 도둑맞은 것
에 대해서 또한 크게 애석하게 여기지도 않는다던가, 또 그
도둑맞은 것이 장차 그걸 가지고 가서 음탕한 짓이나 도박을
하거나, 담배, 술 등 정당하지 못한 부정한 곳에 용도로 쓰

려고 한 짓이 아니라면 그 죄는 되려 가볍습니다.

그런데 만일 그 도둑맞은 부자가 그것을 하인들에게 의심을 두고 심하게 꾸중을 하여, 그 책망을 받은 하인이 억울하고 분이 나서 자살을 하게 되었다면, 또 가난한 사람의 쌀을 사거나 약을 살 돈이라면, 그리고 도둑맞은 것으로 인하여 도둑맞은 사람이 그로 인하여 굶어죽거나 병들어 죽는 데까지 이르렀다면, 또는 그로인한 고통과 압박을 받아서 스스로 몸을 빼어 싸움에 뛰어들어 인명을 살상하는 데에 까지 이르렀다면 그 정황을 살필 때 죄가 매우 무겁습니다. 그리고 이러한 경우에는 보통의 절도죄만으로 보지는 않습니다.

문: 저승 법정에서 죄를 심판할 때 간혹 착오가 있습니까?

절대로 없습니다. 저승 법정에서는 범인의 죄상에 대해서 모두 사전에 철저하게 조사해 두었고, 또 확실한 증거가 있기 때문에 그 심판은 지극히 공정합니다. 따라서 오판되는 경우는 추호도 없습니다.

문: 우리 같은 평범한 사람들은 하루살이 또는 일생동안에 한 생각 일어났다가 한 생각 없어지는 것이 얼마인지 모릅니다. 또 선행을 한 것, 악행을 저지른 것을 바로 자기도 다 기억을 못합니다. 그러나 저승 법정에서는 사람들의 공(功)과 과(過)를 아주 미세한 것까지도 죄다 기록되었다면 또 어찌 그 번거롭고 수고스러

운 것이 이와 같음을 꺼리지 않을까요?

사람의 사상이란 것이 마치 한 생각 일어났다가 한 생각 사라지고, 갑자기 해놓고선 이내 잊어버리곤 하여 저 공중의 새 발자국 같고, 물 위에 뜬 거품 같아서 저승에서도 역시 다 기재된 것은 아닙니다. 그러나 만일 한 마음을 오로지 쏟아서 그 생각하고 생각하는 것이 떠나지 않으면 비록 나타나지 않은 행위일지라도 또한 공과 과가 있으면 기록될 수 있습니다. 만약 그 생각이 행동으로 이어진다면 그 공과 과는 더욱 뚜렷하게 나타납니다.

문: 크게 수행한 사람도 역시 죽은 뒤에 명부에 가서 판정을 받습니까?

저승 관아에서 관장하는 것은 모두 업(業)속에서 사는 사람들입니다. 용록(庸碌)한 사람도 평범한 사람들로서 큰 선행도 없고, 큰 악행도 없는 사람들을 관리합니다. 만약에 크게 수행한 사람은 죽은 뒤에 곧바로 천당(天界)에 올라가기 때문에 명부를 거치지 않습니다. 이런 사람은 명부의 책에 이름이 없기 때문에 저승에서 심판할 수가 없습니다. 그러나 그런 사람 중에서 혹시 천계에 오르는 것이 조금 늦는 사람은 어쩌다가 저승을 거쳐 가기도 하는데 이런 사람이 저승에 오면 명부의 관리들이 모두 자리에서 일어나고 내려서서 그를 맞이합니다. 그러면 그 혼백은 걸을 때 마다 점점 높아져서 마치 구름 사다리를 걷는 것 같습니다. 그가 저승 법정에 가까이 오면 그 높이가 법정 지붕의 용마루와 나란히 섭니다. 이러한 사람은 이름 점호가 끝나는 즉시 곧바로 천계에 오르기 때문에 잡아매어 둘 수가 없습니다.

문: 명부의 관아에서도 서양인을 잡아옵니까? 만약에 서양인이 오면 피차 언어는 어떻게 회통합니까? 만약에 서양인이 없다면 서양인이 죽은 뒤에는 어디에 가서 심판을 받습니까?

내가 저승 판관이 되었을 때가 마침 경자년(庚子, 1900년) 8개국 연합군이 북경을 공격한 지 55일만에 항복한 뒤였기 때문에 국내외의 군대와 민간인들이 많이 죽었습니다. 그러기 때문에 저승에도 다소의 서양 사람들이 법정에 들어온 것을 보았습니다. 그러나 저승에서는 저절로 그들의 말이 통해(通解)되었습니다.

어느 날 그 난리통에 죽은 한 제독(提督)과 또 충성으로 나라를 보위하다가 의분이 복받쳐 슬퍼하고 한탄하다가 몸을 버린 자가 심리를 받은 일이 있었는데, 나는 친히 그들이 똑같이 곧바로 천계(天界)로 올라가는 것을 보았습니다. 그리고는 한 번도 그들의 심리를 관리하지 않았습니다. 그리고 또 중국의 저승재판소가 이 한 곳만이 아니고, 또 구미(歐美)의 각 나라도 또한 따로 저승재판소가 있어서 각기 그 정황에 따라 처리합니다.

문: 저승에서는 어떻게 이승 사람을 써서 저승으로 데려갑니까?

돈 많고 지위가 높은 사람들의 저택에는 항상 많은 신들이 수호하고 있고, 그 사람 밑에서 심부름하는 사람들은 오랫동안 날쌔고 힘이 장사여서 양기(陽氣)가 왕성하기 때문에 저승사자가 그 사람 병상에 쉽게 접근할 수 없습니다.

비유하면 장군이 병영 내에서 병들어 죽으면, 그 4주 동안은 경호가 삼엄하고 창과 대포가 죽 늘어서 있고, 영내의 병사들은 모두 소년들이어서 양기가 펄펄 끓고 있어서 저승사자 가 그 앞에 가까이 갈 방법이 없기 때문에 반드시 산 사람의 혼을 써서 그를 끌어갑니다. 그제서야 비로소 심리할 안건이 도달합니다.

문: 칼로 목이 잘려 죽거나 기타 참혹하게 죽은 사람들은 그 몸뚱이와 머리가 온전치 못한데, 그 영혼들은 보통 병들어 죽은 귀신들과 구분이 있습니까?

그 영혼만은 모두 온전하여 보통 귀신과 다름이 없습니다. 오직 그 얼굴 모습만이 조금 모호한 것을 알 수 있습니다. 그리고 또 그 상처에 핏자국이 남아 있고, 용모가 애처로워 고통이 있는 것 같습니다.

문: 귀신도 소멸의 기한이 있습니까?

예, 있습니다. 내가 본 옛 귀신은 멀리는 송나라, 원나라 때까지에만 이르고, 당나라 이전의 귀신은 한 번도 본 적이 없습니다. 신선이나 부처가 된 분을 제외하고는 만고에 길이길이 생존할 수가 없습니다.

문: 사람은 어려서부터 늙을 때까지에 이르는 동안에 용모가 점점

변하여 가는데 귀신의 용모도 또한 나이에 따라 노쇠해집니까?

귀신의 용모는 병들어 죽을 때까지는 똑 같습니다. 해가 오래 지났다고 해서 노쇠해지지는 않습니다.

문: 저승에도 낮과 밤이 있고, 해와 달, 별들이 있습니까?

저승에도 이승과 똑같이 낮과 밤이 있습니다. 그러나 해와 달, 별들은 볼 수 없습니다. 그 정확한 모습은 마치 사천(四川)에 큰 안개가 낀 것 같고, 화북(華北)의 뿌연 황사 덮인 날씨처럼 어두워서 이승의 밝은 세계에는 미치지 못합니다. 귀신들은 따스한 아침 8시 이후부터 11시까지에 이르러서야 그칩니다. 그리하여 귀신들은 양기가 터지기 시작하면 모두 어둡고 그늘진 곳으로 피하여 숨습니다.

오후에 그늘이 점점 많아지면 귀신들은 외출을 시작합니다.

문: 저승에도 역시 춥고 덥고, 봄·여름·가을·겨울이 있습니까?

예, 그렇습니다. 다만 여름에는 이승 같은 무더위가 없고, 겨울에도 이승 같은 매서운 추위에 비해 덜 춥습니다.

문: 저승에도 음식점이 있습니까? 그리고 이승 사람이 만든 종이돈을 저승에서도 사용할 수 있습니까?

예, 음식점이 있지요. 거기에는 나물 음식 종류가 많습니다. 이승 사람이 만든 지전(紙錢 : 종이돈)을 저들도 또한 사용해서 물건을 살수가 있습니다.

문: 저승에서도 매일 세끼 밥을 먹습니까?

저승에서는 매일 한끼만 먹어도 여러 날 배부를 수 있어서 날마다 꼭 세끼를 먹지는 않습니다.

문: 저승에서도 잠을 잡니까?

예, 저승에도 역시 침상과 잠자리 요, 이불 등이 있습니다. 그러나 잠자는 것을 보지는 못했습니다. 겨우 가다가 잠깐 벽에 기대든지, 눈을 감고 조금 쉬든지 하면 곧 수면하는 것과 똑같습니다. 이승사람들처럼 매번 잠잘 때 꼭 7~8시간씩 자는 것은 아닙니다.

문: 저승에도 시가지가 있고, 상점이 있습니까?

예, 있지요. 그러나 규모가 매우 작아서 여기 인간세상의 작은 점포와 다름이 없습니다. 거기서 파는 것은 음식과 잡용품들이 많고, 다만 웅장하고 화려하고 넓고 큰 인간세계의 큰 공사(公司)라든지 양행(洋行) 같은 것은 없습니다.

문: 이승에서 만든 음식을 귀신들도 먹습니까?

그렇습니다. 오직 그 기(氣)만을 흠향할 뿐이지 진짜로 먹지

는 않습니다. 만약 여름철에 식품이 두 그릇이 있어서 한 그
릇은 귀신에게 제공을 했고, 다른 한 그릇은 제공하지 않았다
면 이 제공한 음식은 제공하지 않은 음식과 비교하여 반드시
먼저 부패합니다. 그것은 귀신이 이미 그 음식의 기(氣)를
섭취하였기 때문입니다.

문: 저승 음식과 이승 음식을 비교하면 어떤 게 더 좋습니까?

아마 이승의 것에는 미치지 못할 것입니다.

문: 귀신도 분묘에 가서 살고 쉬고 하는 곳으로 삼습니까?

예, 그렇습니다.

문: 사람이 죽은 후 영혼이 육체를 떠날 적에 고통이 있습니까?

사람이 죽을 때는 모두 질병이 있고, 영혼이 육체를 떠날 때
는 마치 방문을 열고 외출하는 것 같아서 처음에는 곤란이 없
습니다. 지금까지의 아프고 괴로운 고통을 되돌아보면 도리
어 편안해지는 것 같습니다. 그가 처자식들을 불쌍히 여기거
나, 또는 두고 온 재산에 미련을 두어 마음속에 간직하고 숨
이 떨어지지 못하면, 영혼이 쉽게 육체를 벗어나지 못합니다.
이때가 정말이지 가장 고통스럽습니다. 만약 이 사람이 타
고난 성품이 맑고 깨끗하여 욕심이 없고, 처자식과 재산에
대해서 또한 미련과 끌리는 욕심이 없다면, 영혼이 육체를

떠날 적에 곧바로 옷을 벗듯이 훌훌 떠나가는데 조금도
힘을 허비하지 않습니다.

문: 스님들이 경을 외워 죽은 혼령을 천도하면 망인에게 이익이 있
습니까?

스님이 경(經)을 외우면, 망인에게 이익이 있는지 없는지를
한마디로 말하기가 어렵습니다. 비유하자면, 그 사람이 생전
에 큰 선행을 했으면 죽은 뒤에 곧바로 천계에 오르기 때문에
그 사람에게 본래 경 읽은 공덕이 필요가 없습니다.

그 사람이 생전에 크나큰 죄악을 저지른 사람이라면 죽은 뒤
에 곧바로 지옥으로 떨어지기 때문에 그 사람 역시 쉽게 이
경 읽은 공덕을 받아 누릴 수가 없습니다. 그러나 우리같은
보통 사람에게 이르러서는 생전에 그다지 별로 큰 선행도 악
행도 없는 사람은 경을 읽어서 천도를 얻으면 어두운 지옥세
계가 환하게 밝아져서 죄업이 경감되고, 이익이 특별히 커집
니다. 그리고 경을 외우는 사람의 도의 행적이 높고 낮음에
따라서 막대한 관계가 있습니다. 만약 경을 외우는 사람이 도
가 높은 고승이고, 효자 현손과 관계가 있으면 그 경을 한권
을 외우는 것이 보통 중(僧)이 외우는 것보다 10배에 해당합
니다. 그리고 평범한 중(僧)이라도 경(經)을 지극 정성으로 외
우면, 또한 상당한 이익이 있습니다. 만약에 바른 수행이
없는 땡초 중이고, 또 마음이 합일하지 못하여 건성건성
외운다면 이익도 적을 뿐 아니라 어떤 때는 터럭 끝만큼도

이익되는 게 없습니다. 더구나 망인의 과보에는 효과에 이르지 못합니다. 또 송경의 가장 좋은 효과는 망인의 7일, 49일 이내가 좋고 이 기간을 지나면 망인이 지은 업에 따라 이미 다른 데에 생을 바꿔 태어나 버릴 수 있습니다. 그러면 그 공덕이 돌아가 버려서 죽은 자는 바로 받을 수가 없습니다.

문: 귀신과 사람의 수효가 어느 편이 더 많고, 어느 편이 더 적습니까? 그리고 사람들은 귀신을 무서워하는데 귀신도 사람을 무서워합니까?

귀신세계의 귀신의 수효는 인간세계의 사람들의 수효에 비해 그 숫자가 훨씬 많습니다. 오고 가고, 가고 오고, 울타리에 맞대고, 담벼락에 붙어 있어 가는 곳마다 모두 다 귀신들입니다. 사람들이 다니는 길에도 귀신들은 길 한 가운데보다는 도로 양편 곁으로 많이 걸어 다닙니다. 사람들은 밝은 곳을 따라 다니는데 귀신들은 어두컴컴한 곳을 따라 다닙니다. 그런데 사람도 귀신을 무서워 하지만, 귀신도 또한 사람을 무서워합니다. 그리하여 귀신도 사람이 오는 것을 보면 반드시 피하여 달아나 버립니다. 정직한 사람과 군자는 귀신도 반드시 공경하지만, 그 귀신들이 업신여기고 농락하는 자는 모두 심성이 바르지 못하거나 시운이 쇠미해진 사람일뿐입니다. 그러므로 우리 인간들은 오후부터 해질 무렵 저녁 늦은 시간까지는 길을 걸어갈 때에는 절대로 길 양편 가장자리나 어두

컴컴한 그림자가 깔린 곳은 걷지를 말아야 합니다. 저녁 늦은 시간에 문밖에 나설 때에는 반드시 느린 걸음으로 천천히 걷되, 가끔씩 기침소리를 내어서 그들로 하여금 피해 달아나도록 해야 합니다. 그렇지 않고 뜻밖에 귀신이 나타나게 되면 귀신과 대질러서 그 충격으로 인하여 기절하거나 거꾸러지는 일이 발생합니다. 사람 몸도 역시 오싹오싹한 한기가 끼치고 겁을 내게 되어 몸이 떨리게 되는데, 이것은 음과 양이 서로 상충되어서 피차가 서로간에 모두 불편을 느끼기 때문입니다.

문: 귀신이 걸어 다니는 것과 산사람이 걷는 것과 차이가 있습니까?

귀신의 발 부위는 분명치 못하여 마치 안개 속을 걸어 다니는 것 같고, 걸음걸이가 매우 빨라서 사람의 느린 걸음과는 다릅니다.

문: 귀신이 닭울음소리를 무서워하는 것은 무슨 까닭입니까?

날이 밝아오면 영혼이 불안해집니다. 그러기 때문에 햇빛을 피하여 달아나지 않을 수 없습니다. 이것은 마치 우리가 불에 달궈진 큰 기계의 용광로 열기를 무서워하는 것과 같습니다.

그러나 몸가짐이 품행 있는 귀신은 역시 닭울음소리를 무서워하지 않습니다.

문: 선생의 전생에서부터 쌓은 그 근기가 이와 같고, 또 보통사람보다 훨씬 뛰어나셨으니 아마 내생에도 역시 윤회생사(輪回生死)

를 면제받을 수 있지 않을까요?

윤회생사를 뛰어 넘는다는 게 어찌 그리 용이할 수 있겠습니까? 즉 나의 래생(來生)에도 역시 면할 수는 없습니다. 일찍 이같은 종사자에게 부탁하여, 이에 대하여 조사를 해보았습니다. 그랬더니 그가 이르기를, 나의 내생에는 응당 반드시 하남과 남양 일대에서 다시 태어날 것이라 하였습니다. 그러나 단 수십 년 이내에 세상의 물정과 세태인사(世態人事)가 변천하여 아마 저승의 기록도 고쳐지게 될 수도 있을 겁니다.

문: 저승의 관리들도 역시 인간세상을 바꿔 생을 받아 태어납니까?

그렇습니다. 비유하자면 현재 공무원으로 있는 사람은 특히 높이 승진하는 것이 무직자인 보통사람에 비해 쉬운 것과 같습니다.

문: 귀신이 사람의 태속에 들어가는 것은 수태(受胎)되는 즉시 바로 들어갑니까? 아니면 출산시에 들어갑니까?

두 가지가 다 있습니다.

문: 여러 귀신들이 우글우글 왕성한 것은 오랜 동안 저승에 떨어져 있어서 어찌하여 일찍이 빠져 나오지 않는 것입니까?

사람은 적고 귀신은 많기 때문에 그에 배당하여 분배할 수 없

32

어서입니다. 그리고 또 태어나는 집도 그 귀신과 원래 인연이 있어야지 바야흐로 갈 수가 있는 것입니다. 만일 그 사람이 생전에 교제가 넓어서 서로 아는 사이가 많다 보면 바로 그 사람 집에서 투태(입태=入胎) 되기가 자연히 더 쉬워집니다. 만약에 빈궁한 사람이 늙어 죽을 때까지 동구 밖까지도 나가 보지 못해서 평소 사람들과의 교제가 극히 적으면, 그 사람은 죽은 뒤에 귀신무리에 젖어들어 생을 받는 어떤 기회의 인연으로 나가기가 어렵기 때문에 반드시 오랫동안 기다려야 됩니다. 그리하여 마침내 인연이 있는 자를 만나면 이에 곧 생(生)을 받아 투태하게 됩니다.

문: 불교를 배운 사람은 죽은 뒤에 극락세계에 태어나고, 도교를 배운 사람은 동천복지에 태어나지만 유교를 배운 사람들은 죽은 뒤에 어디에 가서 태어납니까?

역시 하늘나라 천계(天界)에 태어납니다. 그리고 결코 소멸되지 않습니다.

문: 선생은 그 뒤에 어찌하여 저승 판관 노릇을 하지 않았습니까?

내가 원하지 않은 지가 오래 되었고, 그리고 여러 차례에 걸쳐 휴직하기를 원했지만 번번이 모두 허락을 받지 못했었는데, 그 뒤에 동사자들이 금강경(金剛經)을 많이 외우도록 가르쳐 주어서 그 법대로 시행했더니 그 공덕이 쌓여 2천 번 이상이 찼기 때문에 드디어 다시는 가지 않아도 되었습니다.

문: 선생은 평소에도 늘 귀신을 볼 수 있습니까?

내가 저승 판관으로 있을 때에는 귀신을 호출했을 때나 안했을 때를 막론하고 늘 귀신을 볼 수 있었지만, 중화민국(中華民國) 초 이후부터는 귀신을 보는 것이 점점 적어지더니 중화민국 10년 이후에는 하나도 보이지 않았습니다.

문: 맨 처음 저승 판관으로 들어오라는 것을 어떻게 통지 받았습니까?

어느 날 밤 꿈속에서 옛 의관을 단정히 갖춘 한 사람이 찾아와서 내 방으로 들어서서 이르기를, '중대한 일이 있어서 정성스레 받들어 모시려하니 수고스럽겠지만 바쁜 일을 도와주시기를 청합니다.'라고 했습니다. 내가 그 사람에게 일러 말하기를, '그대가 어떤 일을 위임하려는지는 모르나 다만 내 힘이 모자랄까 두렵다'고 하였더니 그 사람이 말하기를, '선생께서 제발 윤허만 해준다면 할 수 없는 것은 아닙니다.'라고 하기에, 나는 그가 본뜻이 어떤 것인지는 모르지만 오직 그의 예의바른 용모가 단정하고 공경하며, 그 태도가 지극정성 간절하여 차마 물리칠 수가 없어 마침내 묵묵히 허락하고 말았습니다. 그랬더니 그 사람이 마음속으로 매우 기뻐하면서 서로 약속한 수일 뒤에 곧 모시러 오겠노라고 다짐하고 헤어졌습니다. 깨고 보니 꿈이었습니다.

나 자신 속으로 한낱 꿈이라 여기고 특별히 마음에 두지 않았었는데, 4~5일이 지난 뒤에 꿈속의 그 사람이 또 와서는 내게 일러 말하기를, '지난번 승낙해 주신 은혜를 받잡고 특별히 가마를 준비하여 정성스레 받들어 모시려고 왔습니다.'라고 하지 않겠습니까? 그때 내가 보니까 말 한 필의 수레가 문밖에 메어 있어서 드디어 함께 수레에 올랐더니 얼마 안가서 어떤 관아(官衙)에 이르렀습니다. 수레에서 내려서 그 안으로 들어갔더니 그 사람이 나를 인도하여 한 행랑방에 이르러 자리에 앉은 지 조금 후에 바로 대청마루에 올라 안건을 심리하도록 청하였는데 한 범죄인을 끌어다가 놓고 좌우 배심원들이 사건의 전말을 들려주면서 내게 판결하도록 요청하였습니다.

내가 이르기를, '내 본래 이의 설정을 모르는데 어찌 감히 망령되이 판결할 수 있단 말인가?' 하고 거절을 하자 좌우 배심원들이 이르기를, '그대가 성심으로 미루어 헤아려 보면 그 의사가 어떠한지를 곧 법에 비추어 징벌을 판단할 수 있습니다'라고 하기에 내가 잠깐 자세히 생각해 보고 이르기를 '이러 이러한 것이냐'고 했더니 좌우 모두가 '그렇다'고 대답하고 곧 나에게 판결문에 서명하도록 하고 죄악을 저지른 범죄자를 끌고 가버렸습니다. 그리고는 이내 마차로 나를 돌려 보내주었습니다.

문: 선생의 부모님도 이 같은 실정을 아셨습니까?

내가 저승 판관이 된 처음에는 그 비밀을 잘 보전하려고 감히 드러내어 말하지 않았었는데, 그 뒤에 부모님이 내가 빈방에 혼자 있으면서도 간간이 사람과 말하는 소리를 들으시고는 차차 그 실정을 아시게 되었습니다.

대개 내가 저승 판관이 된 뒤부터는 항상 저승 친구들의 왕래가 있었는데 오직 나만이 볼 수 있고 나만이 들을 수 있었지, 다른 사람은 모두 듣지도 보지도 못하기 때문에 오직 나의 말만을 들었었지요.

문: 저승 친구들이 올 때에도 역시 음식을 많이 장만하고 초대합니까?

아닙니다. 다만 맑은 차 한 잔이면 이미 그 정을 다하는 데 족합니다.

문: 저승에서도 역시 해마다 그 명절과 휴가가 있습니까?

예. 이승과 다름이 없습니다. 음력 설날과 청명, 한식, 단오, 추석, 동짓날 등을 만나면 역시 반드시 며칠을 쉽니다. 그러나 단 아직 일, 월, 화, 수, 목, 금, 토 등의 주일은 없었습니다.

문: 귀신은 어떻게 그 모습을 바꿀 수 있습니까?

모든 귀신들은 자신의 모습을 마음대로 변환(變幻)할 수가 있습니다. 다만 반드시 저승 법정의 허가를 얻어야 됩니다.

문: 선생은 일찍이 무슨 무슨 중요한 안건을 심판하였습니까?

일체의 모든 안건이 모두 다 매우 평범한 안건으로서, 절대로 인정과 사리 밖의 것은 없었습니다. 또 그 죄상도 환히 밝아서 증거가 확실하기 때문에, 복잡다단하여 특별히 밝히기 어려운 정황은 없었습니다.

문: 일찍이 그곳에서 각처를 유람한 경력이 있습니까?

없습니다.

문: 소의 머리를 하고, 말 얼굴을 한 저승사자가 정말 있습니까?

모두 가면의 도구를 썼는데 흉폭한 혼령들을 두려움에 떨게 하려고 한 것입니다. 만약 어질고 착한 혼령들에게는 이런 흉칙한 모습은 절대로 보이지 않습니다.

문: 새·짐승의 혼령은 역시 새·짐승의 형상을 하였습니까?

이것은 따로 한 부서에서 맡아서 관할했는데 나에게는 관계치 않았기 때문에 나로서는 모르는 일입니다.

문: 저승에서도 염불하면서 수행하는 자가 있습니까? 염불을 하고 송경(誦經)을 한 사람은 이미 이런 공덕이 있는데 저승의 모든 귀신들이 어찌 빨리 염불 송경을 하여 지옥에서 벗어나서 천당으로 오르기를 구하지 않습니까? 만약에 염불을 할 줄을 모른다면 어찌 다른 사람의 염불하는 것을 따라서 본받지 않는지요?

일단 저승에 도착하면 바로 그의 업력(業力)에 가로 막혀서 자연히 염불하고 송경할 줄을 모릅니다. 즉 우리가 염불하고 송경을 하면 저들도 보고들은 바가 없기 때문에 수행은 마땅히 이 한 입기운이 끊어지기 전 살아생전에 열심히 잘해야지 한번 숨이 끊어지면 별다른 힘이 되기가 어렵습니다.

문: 귀신은 이미 형체가 없는 것(無形)을 볼 수가 있고, 소리가 없는 것을 들을 수가 있다고 하였는데 어찌 우리들의 염불 수행하는 것은 도리어 보지도 못하고 듣지도 못하는 것입니까?

자기의 업력(業力)·업보에 가리었기 때문에 그렇습니다. 시험삼아 비교하여 봅시다. 세간의 어떤 사람이 본래 신앙이 없었는데 어쩌다가 굶주리고 추위에 핍박되어서 우리들의 염불수행에 대하게 되면 업장때문에 역시 보아도 보이지 않고, 들어도 들리지 않는 것과 같습니다. 그리하여 곧 그로 하여금 우연히 보고 듣게 하면, 그러나 그 사람의 욕심에 끌리고 얽매여서 그 신심(信心)이 일어나지 않고, 또 신심이 견고하지 않아서 마침내 수행하지도 않고 염불하지도 않습니다.

문: 귀신의 말소리와 우리 인간의 말소리는 어떻게 다릅니까?

귀신의 말소리는 날카롭고 짧고도 급합니다.

문: 이 세상을 귀신의 입장에서 보면 사람과 귀신이 함께 섞이어 사는 게 되고, 사람의 입장에서 보면 이승과 저승이 둘로 동떨어

진 것인 데 결국 그 경계는 어떻게 구분합니까?

그 나눠진 경계가 있는 것 같기도 하고, 또 그 분계가 없는 것 같기도 하여 이런 정황은 한마디로 뚜렷이 말하기가 어렵습니다.

문: 산 사람의 혼과 죽은 사람의 귀신이 그 형상과 그 얼굴빛이 차별이 있습니까? 없습니까?

나는 그 때 거기에 대해서는 마음에 두지 않았었는데, 당연히 조금은 분별이 있습니다.

문: 귀신도 역시 어떤 감정을 가지고 있습니까?

예. 그들도 역시 감정이 있어 심히 괴로워합니다. 그러기 때문에 그들의 말은 몹시 슬픈 것이 많습니다.

문: 귀신이 사람의 태(胎)에 들어갈 때(入胎) 저승에서는 무슨 교훈(敎訓)이 없습니까? 가령 그들로 하여금 악을 돌이켜 선으로 향하라는 말 따위 말입니다.

없습니다. 오직 새나 짐승의 태에 던져질 때에는 귀신으로 하여금 그 정황을 모르게 하고, 또 남자 여자를 바꿔 만들 때에는 반드시 어떤 누각에서 좋은 경치를 구경케 한다든지 하여 그들로 하여금 사람이든 동물이든 벌레든 곤충이든 간에 그 업장에 따르는 각기 들어가게 되는 태(胎)속에 자신들이 들어가는 것에 대한 즐거움을 갖게 합니다.

문: 저 구름 한 점 없는 푸른 하늘에 해와 달이 밝게 비치고 있는데 어찌 저 저승(幽界)에는 비치지 못하는 것입니까? 이것은 어떤 물건이 가로막고 있는 것입니까? 그리고 만일 이승과 저승이 다른 지역이라면 어떻게 사람과 귀신이 함께 길을 갈 수가 있습니까?

항상 구름과 안개가 막아 가리웠기 때문에 저 푸른 하늘과 밝은 태양을 보지 못합니다. 다만 귀신들은 밝은 데서는 견디지를 못하고 어둡고 그늘진 곳으로만 갈 수 있고, 더욱이 그 밤 사이에 활동하기 때문에 사람과 귀신이 동행할 수 있습니다.

문: 저승에서는 어떤 책력을 씁니까? 음력입니까? 양력입니까? 그리고 모든 공문서에 역시 년·월·일을 씁니까?

예, 만청(滿淸)시대에는 만청시대의 책력을 썼고, 공문서에서 쓰는 년·월·일도 이승과 똑 같습니다.

문: 저승에도 또한 비·바람·눈·서리가 있습니까?

보지는 못했습니다. 다만 이승의 비·바람·눈·서리를 만날 때 저승의 모든 귀신들 역시 그 추위에 덜덜 떨면서 괴로워하고, 또 잔뜩 웅크리고 오그라들어 펴치 못한 상태를 보입니다.

문: 귀신들도 또한 서로 응수(應酬)하고 애경사에 경축하고 조문하는 예절이 있습니까?

예, 이승과 다름이 없습니다.

문: 향촉(香燭)은 어디에 쓰입니까?

촛불은 그 광명(光明)을 취하고, 향(香)은 그들을 불러오게 하
는 데 쓰입니다.

문: 폭죽은 어디에 쓰입니까?

귀신들은 폭죽을 무서워합니다. 그러므로 특별히 쓰일 데가
없는 것 같습니다.

문: 염불송경이 그렇게 큰 공덕이 있다면 유가의 경서를 읽는 것도
또한 공덕이 있습니까?

예, 공덕이 있습니다.

문: 불교의 호법신(護法神)은 위타요, 도교의 호법신은 왕영관(靈
官)인데, 유교 또한 호법신이 있습니까?

모릅니다. 유교는 신도(神道)로써 설교하지 않기 때문에 호법
신의 필요가 없는 것 같습니다. 그러나 그 경전, 서적들은 귀
신의 가호를 받는 것임에 역시 의심할 바가 없습니다.

문: 저승에서 봉급은 어디에서 마련하여 옵니까? 이것 역시 금전,
양곡, 세금의 항목으로 거두어들인 것입니까?

이전에 이것에 대해서 그들에게 물어 보았더니 그들은 나에

게 묻지 말아 달라고 부탁을 합디다. 그래서 잘 모릅니다.

문: 사람의 머리 위 빛깔은 무슨 색으로써 선과 악을 삼습니까?

붉고, 희고, 누런색을 좋게 여기고, 검은 색을 나쁘게 여깁니다.

문: 귀신이 사람으로 변하고, 사람이 귀신으로 태어난다면 결국 이
세간에는 사람이 먼저입니까, 귀신이 먼저입니까?

여기에 대해서는 마땅히 두 방면으로 나누어서 말해야 할 것
입니다. 저 먼 상고시대 이전에 혼돈이 처음 열리고 순박(醇
朴)한 기운이 흩어지지 않았을 때에는 먼저 인간이 있은 뒤로
부터 뒤에 귀신이 있었고, 그 후세에는 귀신이 먼저 있은
뒤로부터 사람이 있게 되었습니다.

번역자의 말―여기서 「저승문답」이 끝났습니다. 여기서 나온
이야기가 모두 사실인지는 알 수 없으나 교훈적인 내용이 많다고
봅니다. 죽음 너머의 세계를 알면 알수록 이승에서의 삶이 얼마
나 고귀하며 소중한지를 느낄 수 있다고 생각합니다.
다시 한 번 삶의 의미와 인생의 목적을 생각해 보는 시간을
가져 보는 게 어떻습니까?

제2부
저승의 구조

영원한 수수께끼 사후세계

인간은 죽으면 '저승'으로 간다고 언제부터인가 전해내려오고 있다. 그렇다면 과연 '저승'이라는 것은 어디메쯤 존재하는가?

저승−소위 사후세계에 대한 의문은 인류가 탄생하고부터 현재에 이르기까지 전 세계 공통의 수수께끼로서 취급되어 온 미해결의 영원한 숙제라고 할 수 있다.

저승에 대한 인식은 일반적으로 알려진 바로는 '사후에도 별세계(別世界)에서 새로운 생활은 계속된다'라는 신화적 사상 위에 성립되어 있다.

이 사고방식에는 여러 가지 양상이 있는 것의 기본적인 데에서는 역시 전 세계가 공통되어 있다. 그러나 문명이 발달함에 따라서 '사후의 존재는 없다'고 하는 사고방식이 강해져서 현대에서는 사후를 허무적으로 취급하는 사람도 많아졌다.

과연 어느 쪽이 옳은가? 그것은 사실, 현세에서 살고 있는 인간으로서는 누구도 모르는 일이다. 그러나 사후의 존재는 없다고 하는 논의(論議)의 태반이 아직 막연한 기반 위에서 논의되고 있음에 비해 저 세상=사후세계에 대한 보고는 수없이 많은 체험 예를 배경으로 하여 논하고 있는 것이다.

그것은 고대의 「사자(死者)의 글」에서 현재의 근이사(近以死)체험자까지 시대와 식자(識者), 대중, 지역 등에 관계없이 여러 가지로 말하고 있다. 이만큼의 보고가 되어 있는 이상 사후세계는 존재한다고 해도 이상할 것은 없다.

그들이 체험한 세계가 진짜 사후세계인지 어떤지, 우선은 그 수수께끼, 그 신비적인 체험 보고를 통해 알아보도록 한다.

고전에서 보는 사후세계

사후세계를 체험 보고한 책들이 지금껏 많이 알려져 왔다. 그 중에서 일본에서 처음으로 사후세계를 보고한 책으로서 남겨져 있는 것으로 「일본영이기(日本靈異記)」라는 것이 있다.

이 책은 불교사상의 영향을 농후하게 받은 것으로서 그 가운데에 명토전승(冥土傳承)이라 하여 사후세계를 엿본 뒤에 소생했다는 사람의 이야기나 지옥 실화로서 저 세상을 말한 이야기가 13편쯤 실려 있다.

이 책은 상권 35화(話), 중권 42화(話), 하권 39화(話), 합계 116화로 된 가장 오래된 설화집이다. 그런데 놀라운 일은 그 1할 정도의 설화가 사후세계에 관계되는 이야기들인 것이다.

설화의 상권 30화에 다음과 같은 사후세계의 보고가 기록되어 있는데, 보고자는 풍전(豊前)의 나라 수도[지금의 교또]의 관리였다. 연대는 서기 705년.

그 해의 9월 15일에 보고자 히로쿠니(廣國)가 죽었는데 그로부터 3일 후인 9월 17일 저녁 때에 생란하여 사후의 체험을 다음과 같이 이야기했다.

"내가 죽자 곧 두 사람의 사자가 맞으러 왔습니다. 한 사람은 상투 머리를 한 성인이고, 또 한 사람은 동자였습니다. 그 두 사람에게 이끌려 100리쯤 가자 도중에 큰 강이 나타났습니다. 거기에는 황금으로 장식된 다리가 놓여 있었으며 그 다리를 건너자 거기에는 평안하고 아늑한 나라가 있었습니다."

"여기는 무슨 나라입니까?"

하고 사자에게 물었더니, 사자는,

"도남(渡南)의 나라다."

라고 대답해 주었습니다. 그 나라의 수도에 들어갔더니 8명의 무장한 관리가 나를 쫓아 왔습니다. 눈앞에는 황금의 궁전이 솟아 있었고, 그 문을 통과하자 임금님이 황금의 자리에 앉아 있었습니다. 임금님은 나를 불러세우더니 이렇게 말하는 것이었습니다.

"오늘 너를 여기로 부른 것은 너의 아내가 호소해 왔기 때문이니라. 임금님은 곧 한 사람의 여인을 불렀습니다. 쳐다보았더니 그녀는 옛날에 죽은 아내였습니다. 아내는 머리에서 궁둥이까지 쇠못이 박혔으며 또 이마에서 후두부까지 못이 꿰뚫어 박혀 있었습니다. 또 쇠사슬로 두 손과 두 다리가 포박되어 있었으며 8명에게 부추겨 들려나오는 가련한 모습이었습니다."

"너는 이 여인을 알고 있느냐?"

하고 임금님은 물었습니다.

"예, 저의 아내입니다."

"너는 어떤 죄를 저질러서 여기에 끌려나왔는지 알고 있느냐?"

임금님은 또 물었습니다. 나는 생각이 나질 않아서,

"모르겠습니다."

라고 대답했습니다. 그러자 임금님은 아내를 노려보며 같은 질문을 했습니다. 역시 아내는 공포에 질린 목소리로,

"남편이 저를 이연(離緣)하였으므로 그것이 분해서 사기했던 것입니다."

라고 진술했습니다.

나는 재조사를 받고 심판이 내려졌습니다.

"너에게는 죄가 없다. 현세(現世)로 돌아가도 좋다. 그런데 황천[사후의 세계]의 일을 되는대로 지껄여서는 안된다. 알겠느냐. 혹시 너의 망부를 만나고 싶거든 남쪽으로 가보면 될 것이다."

나는 임금님이 말씀하신대로 남쪽으로 가서 정말 망부(亡父)를 만나게 되었습니다. 아버지는 대단히 뜨거운 동(銅) 기둥을 끌어안은 채 서 있었습니다. 몸에는 쇠못이 37개나 박혀 있었고, 쇠몽둥이로 매일 아침에 300대, 낮에 300대, 밤에 300대 모두 900대나 맞고 있었습니다. 나는 그 가련한 모습을 보고 아버지에게 여쭈어 봤습니다."

"이게 어찌된 일이옵니까. 아버님이 이렇듯 고통을 받고 있을 줄이야…. 왜 이런 꼴이 되었습니까?"

아버지는 말씀하셨습니다.

"아들아, 아버지가 이런 고통을 받고 있을 줄은 몰랐을 것

이다. 아버지는 처자식을 양육하기 위해 어느 때는 살아 있는 생명을 살생했느니라. 어느 때는 8량의 돈을 빌려 주고 이자를 붙여서 10량으로 불려서 취했단다. 어느 때는 작은 저울로 벼를 빌려 주고 거두어들일 때는 큰 저울을 썼단다. 어느 때는 남의 것을 훔치기도 하고, 또 어느 때는 남의 아내를 간통도 했지. 그리고 부모에게는 효도를 하지 못했고, 손위 사람을 존경하지 않았으며 노예가 아닌 자를 매도하기도 했단다. 이런 죄를 저질렀으니 작은 몸에 37개의 쇠못이 박혀졌고, 매일 900대의 쇠몽둥이를 맞고 있는 것이다. 아아 아프고 고통스럽다. 언제나 죄를 용서받을 것인지. 언제 편안한 몸이 될 수 있을런지. 아들아, 나를 위해서 불당을 만들고 경을 읽으며 죄를 빌어주려무나. 아무튼 현세로 돌아가도 잊지 말아다오."(중략)

나는 생전에 저지른 죄의 업보를 보고 두려웠습니다. 그래서 원래의 큰 다리로 돌아오자 보초가 앞을 막는 것이었습니다.

"일단 이곳에 들어온 자는 결코 살아 돌아가지 못한다."

그렇게 보초가 말하는 것이었습니다. 나는 난처해서 잠시 동안 그 주위를 서성거리고 있었는데 동자가 나타나는 것이었습니다. 보초는 그 동자의 모습을 보자 무릎을 꿇고 절하는 것이었습니다. 동자는 나를 불러 세우더니 스스로 문을 열며,

"자아, 빨리 가십시오."

하는 것이었습니다. 나는 문을 나올 때 물었습니다.

"실례지만 당신은 도대체 누구십니까?"

"나 말입니까? 나는 당신이 어렸을 때에 모사한 관음경(觀音經)

입니다."

라고 대답하고 동자는 그대로 돌아가고 말았습니다. 정신이 번쩍 들어 둘러보았더니 나는 이 세상에 살아 돌아와 있었습니다.

죽어도 생환 기회는 남아 있는가?

이 책의 설화는 대단히 불교 색이 강한 설화집인데 그러한 불교사상으로 분식(粉飾)된 부분의 이야기를 잘 살펴보면 의외로 전 세계에 남아 있는 사후세계의 이야기와 공통되는 점이 있다.

사후에의 여행은 죽음에 의해 시작되는 것이나 보고자(廣國)와 같은 사후세계의 체험을 한 스웨덴의 철학자 엠마누엘 스웨덴보 그는, '이 세상 사람이 죽어서 처음 방문하는 장소가 정령계(精靈 界)인데 인간은 사후, 곧 영원한 영(靈)이 되는 것은 아니다.'라고 보고하고 있다.

이것은 보고자(廣國)가 체험한 왕궁과 같은 사고방식에 근접해 있다. 사후, 곧 지옥이나 극락이 출현하는 것이 아니라 일단 심판 받는 관문이 설치되어 있어 거기에서 선별된다는 것이다. 보고자 는 이 원쿠션이 놓여 있는 선별의 장소에 갔었기 때문에 간신히 현세로 돌아올 수 있었다는 것이다.

또 스웨덴보그는 정령계를 '인간 세상과 영계(靈界)의 중간에 위치하는 장소'라고 증언하고 있으나 이 정령계라는 곳이 선별의 장소에 해당하며, 거기는 인간세상(이승)과 영계(저승)의 중간에 해당하는 장소라고도 할 수 있겠다.

소위, 이 중간의 장소에 몸을 두고 있는 한, 현세에로 돌아갈 찬스가 남아 있다고 생각해도 좋을 것이다. 여기서 주목해야 할 일은 이 중간의 장소에서 죽음의 세계를 완전히 들어가기 위해서는 3, 4일(이 세상의 시간 단위)의 시간 유예가 있다는 것이다. 보고자의 경우는 9월 15일에서 동월 17일의 3일간이 그것이다.

스웨덴보그의 경우는 2, 3일의 유예가 있다고 했다.

또 사후의 세계를 말한 유명한 「티베트 사자(死者)의 글」에 의하면 영혼의 수행(修行)이 시작되기 전에 역시 3일에서 4일간 놓여 있다고 한다.

「티베트 사자의 글」은 1927년, 영국의 티베트 연구가 이반 웨인박사 등에 의해 소개된 밀교교전(密敎敎典)인데, 이것은 중간의 장소에 해당되는 곳을 '중음(中陰 : 발트)'이라 부르며, 3,4일의 유예기간이 끝나면 49일간의 엄한 영혼의 수행이 시작되는 것으로 되어 있다.

유체이탈의 체험 보고

사후세계의 보고를 분석해 나가면 또 하나의 공통점을 느낄 수가 있다. 그것은 죽음과 육체만이 죽는다는 문제만이 아니라는 것이다. 이를테면 죽음이란 영혼이 육체에서 이탈하는 것이라는 이야기이다.

사후세계를 산 채로 20여년 간이나 반복해 출입하며 「나는 영계를 보고왔다」라는 책을 쓴 스웨덴보그는 그 유체이탈시의 체험은 '잠자고 있는 것도 아니며 깨어 있는 것도 아니다'라는 보고를 하고 있다.

그 때의 상태는 육체 차원으로 느끼는 '잠든다'나 '깨어 있다'라는 감각이 아니라 영혼으로서의 감각이라고 했다. 만약 이 상태를 인간계의 사람이 목격했다고 한다면 자기는 모든 의식을 상실하여 진짜로 '죽은 상태'로 밖에 보이지 않을 것이라고도 했다.

「티베트 사자의 글」은 8세기에 파드마 산바바라는 중이 티베트에서 구전(口傳)으로 전해 내려온 이야기를 책으로 모은 것인데 그로부터 약 10세기(1천 년)후에 같은 유체이탈을 서양에서 스웨덴보그가 체험해서 기술했다는 것은 실로 우연한 일치일까?

「티베트 사자의 글」은 20세기에 들어서 발견되었기 때문에 17세기에서 18세기에 살아 온 스웨덴보그에게는 전혀 사후세계의 정보는 없었던 것이다. 그러나 그래도 공통되는 것이 있다는 점에서 등골이 오싹해지는 생각이 든다.

두 책의 공통점이라고 한다면 「일본영이기」에 있는 '사자(使者)'에 대해서도 스웨덴보그는 마찬가지 기술을 남기고 있다.

죽음 직후는 전술하였듯이 죽은 자는 무언가 이해하기 어려운 감각 속에 놓여지나 그와 같이 죽은 자가 영혼의 감각으로 주위를 살피고 있을 때 영계에서 사자의 영혼이 육체가 있는 곳으로 와서 영혼의 마음으로 교사를 시작하는 모양이다.

여기에서 비로소 죽은 자는 자기가 죽었다는 것을 깨닫고 정령계(精靈界)로 인도되어 간다는 것을 안다고 한다. 이것은 「티베트 사자의 글」에서 소개되어 있듯이 죽은 자는 '사자(使者)'에게 여

러 가지 질문을 할 것이다. 이를테면, '나는 죽었다고 생각하였는데 이렇게 살아 있지 않는가!'

하고 생사의 경지를 모른 채 절규해 본다든가, '살아 있는 것이 환상인가, 죽어 있는 것이 환상인가?'

하고 혼란된 의식 속에서 영계(靈界)로부터의 사자에게 질문하였는지도 모른다.

사자는 그러한 '저 세상'과 '이 세상'의 구별을 모르게 된 자들을 '이제부터 당신은 정령(精靈)이 되어 영계(靈界)로 가는 것이다'라고 인도해 주는 모양이다.

「일본영이기」의 경우는 큰 다리의 문을 열고 이 세상으로 돌려보내준 동자, 소위 '관음경'이 돌봐 주고 있었으나 동양에서는 상투머리의 어른 사자가 나타나는지도 모른다.

이 상투머리의 어른이 스웨덴보그는 영계로부터의 사자라고 하는 것 같다.

사자(使者)는 사후세계에 익숙하지 못한 죽은 자의 손을 잡고 사후로의 여행을 위한 준비를 가르쳐 준다고 한다. 어쨌든 현세의 기억을 버리게 한다든가 앞으로 가는 세계의 상식을 전하는 등 마치 어버이처럼 지도해 주는 모양이다.

이러한 사자의 기술은 세계 최고(最古)의 「나는 영계를 보고 왔다」와 「티베트 사자의 글」에서도 보인다.

역시 여기에서도 사자는 죽은 자를 영계로 인도해 가는 역할을 하고 있으며 심판 장소까지 유도한다. 이들의 기술은 연대나 나라는 틀려도 대단히 공통된 점이 많은 것이다.

사후의 세계 앞에는 큰 강이 있다

또한 경악할 일은 점점 사후세계의 일을 이해할 수 있게 되어 영계로 이동할 때는 '큰 강을 건넌다'라는 기술이 남아 있다. 이것은 「일본영이기」 체험은 원래 많은 의사[죽음]체험자의 보고에도 마찬가지 것을 말하고 있다.

스웨덴보그는 그의 대표작인 「나는 영계를 보고 왔다(한국판 서음미디어 간행)」에서 영계로 이행할 때 큰 강 위를 날고 있던 기억이 있다고 하였다. 그 강은 인도의 갠디스강이나 중국의 양자강보다도 큰 하폭이었다고 한다.

일본의 경우 사후세계에 건너는 강을 '삼도(三途)의 강'이라 부르고 있는데 의미적으로는 거의 마찬가지다. 요컨대 명토(冥土)에의 도중에 있는 강이며, 그 끝에 피안(彼岸)이 있다는 설정은 영계로 이행할 때에 건너는 강과 마찬가지이다.

어쨌든 사후세계를 들어가기 전에는 '강'이 가로놓여 있다는 점에서 이야기가 공통되어 있음은 확실하다. 단, 스웨덴보그는 다시 날아가면 큰 바다가 나온다고 기술하고 있다. 그 바다를 날아가면 앞쪽에 작은 빛이 빛나고, 별과 같은 것을 발견하고 또 날아가면 돌연 그 작은 별은 거대한 빛의 덩어리가 되어 기습해 온다고 한다.

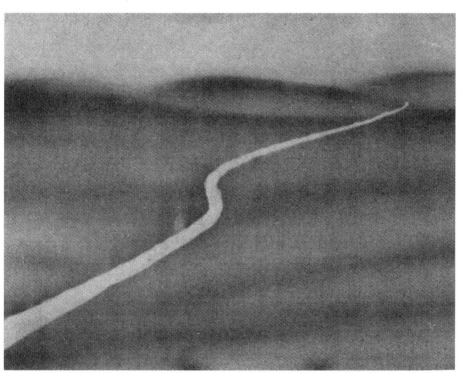

「삼도천」 — 죽으면 누구나 한번은 건너야 하는 강

여기에서 스웨덴보그는 공포에 질린 나머지 눈을 감고 그대로 정신을 잃고 말았으나 그것이 진짜 사후세계로 들어가는 경계선이었다고 한다.

현대의 죽음 체험보고

그런데 오랜 시대의 보고는 이 정도로 해두고 이야기를 현대로 돌려 본다. 물론 사후세계에는 옛것도, 새로운 것도 없기 때문에 그 보다 속에는 많은 공통점을 발견할 수가 있다.

이를테면 자동차 사고로 중상을 입고 실제로 죽음을 체험한 K씨(당시 25세)는 다음과 같은 보고를 하고 있다.

"사고가 일어난 것은 일순간의 일이었다고 생각합니다. 그러나 그 순간은 나에게 있어서 대단히 길게 느껴졌습니다. 나는 알았습니다. 자신이 핸들을 잡고 가드 레일에 충돌하였다는 것을…. 일순간 환상 속에 빠진 것 같은 느낌이었습니다. 그때 죽은 게 아닌가 라는 것도 동시에 이해되었습니다. 다음 순간 나는 의식을 잃고 말았습니다. 어느 정도 시간이 경과되었는지는 모르지만 사람의 소리가 들려 왔습니다. 처음에는 윙 윙 하는 느낌으로 이야기의 뜻을 잘 이해할 수 없었으나 점차로 알아듣게 되었습니다."

"유감이지만 살아날 가망은 없습니다."

"그런 대화가 오가고 있었습니다. 어머니 같은 여성의 울음소리와 필사적으로 '어떻게 손을 써봐 주십시오'라고 매달리듯 애원하는 듯한 음성으로 의사에게 말하는 형의 음성이 들렸습니다."

"완전히 동공이 열려 있어 도저히 손을 쓸 수가 없는 상태입니다."

"형과는 대조적인 가는 목소리로 의사가 대답하고 있었습니다. 나는 여기까지 듣고 비로소 자신이 어떤 중대한 일에 처해 있다는 것을 깨달았습니다. 그러나 나는 이렇듯 그들의 주고받는 말을 느끼고 있는 것입니다."

"여보시오, 멋대로 죽이지 말아요!"

"나는 큰 소리로 소리쳤습니다. 그것은 그럴 것입니다. 의식이 있는데 화장터로 보내지는 일은 견딜 수가 없습니다. 나는 몇 번이나 필사적으로 소리쳤습니다. 그러나 아무도 그 소리를 듣는 사람은 없었습니다."

K씨가 사고를 일으킨 날은 가을을 맞는 비가 내리는 밤이었다. 연인을 보내고 돌아오는 길이어서 대단히 기분이 들떠 있었다고 한다. 술도 약간 취해 있었다고 하지만 그런 상태와 관계없이 일순간에 일어난 일은 슬로모션으로 본 것같이 잘 기억하고 있다.

보통은 사고의 쇼크로 태반은 잊게 마련이지만 그에게는 예리한 관찰력과 강인한 정신이 있었다고 할 수 있겠다. 그 때문인지 병실에서의 체험도 잘 기억하고 있었다.

그가 병실에서 체험한 상태는 지금까지의 자료에서 추찰(推察)하면 영혼이 육체에서 이탈하기 전의 불안정한 상태라는 것을 말할 수 있다.

소위 스웨덴보그가 체험한 '잠들어 있는 것도 아니고 깨어 있는 것도 아니다'라는 영혼의 의식에서 현세를 보고 있었던 것이리라. 이미 인간의 지각이 아니었던 것이다. 아무리 큰 소리를 내도 들리지 않는 상황은 이미 다른 세계로 들어갔다는 것을 말하고 있다.

　한번 죽었다는 의사의 선고가 있었으나 재차 심장의 맛사지를 반복했던바, 기적적으로 소생한 여성이 죽어 있었던 사이의 의사단의 이야기를 알고 있었다는 보고도 있듯이 죽었어도 '다른 지각'으로 현세는 확인되는지도 모른다.

자신이 자기의 사체(死體)를 보고 있다

　"나는 나 자신이 자동차 사고로 죽었다는 기분은 전혀 없었습니다. 그러나 마침내 병실 광경을 희미하게 확인하게 되자 그 기분은 점점 희박해졌습니다. 보고 있는 위치가 전혀 달랐다는 것을 느꼈기 때문입니다. 병실의 침대에 매달려 흐느껴 울고 있는 어머니가 있었습니다. 그 곁에 아버지가 팔을 잡고 말없이 있었습니다. 형이 의사와 심각하게 무슨 이야기를 하고 있었습니다. 그리고 침대 위에 내가 있었습니다. 나는 산소 마스크를 하고 머리를 붕대에 감긴 모습으로 누워있었습니다. 수혈용의 관이 시트 속에 처박혀져 있었습니다. 분명히 팔에 주사바늘이 꽂혀 있었겠지요. 나는 나 자신도 놀랄 정도로 냉정했습니다. 감정이 없어진 탓은 아니겠지만 그런 광경을 보고도 당연한 듯이 받아 들였던 것입니다. 소리에만 의존했을 때는 무언가 불안하기만 했으나 상황을 확인한 순간, 이 상황만큼 기분이 안정되었던 것입니다. 체념이라는 기분이 아니라 느긋한 기분이었습니다.

자신이 자기의 사체를 보고 있는데 공포감도 없이 냉정하게 보고 있을 수 있다는 것이 이상했습니다. 방 전체를 볼 수 있었으니 아마 천정 위치 정도에서 바라보고 있었던 것이 됩니다. 한 가지 마음을 움직이게 한 것은 자기의 육체가 무참한 모습으로 되어 있었던 점입니다. 어차피 죽는다면 깨끗이 인생을 마무리 해야겠다고 생각했습니다. 저런 모습을 남겨서는 스스로에게 면목이 없다는 기분이었습니다."

사람이 죽었을 때 자신의 모습을 내려다본다는 것을 말하고 있으나 의사 체험자의 대부분은 틀림없이 자신의 모습을 목격한 보고를 하고 있다.

K씨의 경우도 전적으로 마찬가지이다. 그러나 육체에서 유리하게 되면 그것을 목격하고 있는 자는 무엇인가?

일반적으로는 '영(靈)'이라고 하지만 그것의 시비는 별개로 하더라도 인간은 죽어도 '별개의 지각'이 있다는 것이리라. 소위 육체의 차원과 다른 이상한 지각이 있다는 것이다. 이것은 실제로 죽어 보지 않으면 모르는 체험이나 적어도 죽음의 체험자 대부분은 '별개의 지각' 존재의 보고를 남기고 있다.

일반적으로 믿고 있는 눈이나 귀 등의 지각기관은 육체에 있는 것이므로 그것을 떠나 보고 들을 수 있다면 다른 지각으로 가능한 것이 존재한다고 생각하지 않을 수 없다. 단, 그것이 영(靈)인지, 정신의식(精神意識)인지, 전혀 다른 것인지의 문제가 되면 대답이 불가능해진다.

터널과 같은 중간 장소로 날아간다

좀 더 K씨의 이야기를 계속해 본다.

"돌연, 부웅, 부웅하는 귀울림이 일어났습니다. 동시에 주위는 캄캄해지고 나는 맹렬한 속도로 어딘가로 끌려가고 있었습니다. 육체는 없으나 빙글빙글 회전하며 날고 있는 것 같은 기분이었습니다. 마치 나선형의 통속을 통과하고 있는 것 같았습니다. 얼마나 지나갔는지 시간의 관념이 없었으므로 확실히는 모르지만 마침내 앞쪽에 반짝 빛나는 것이 보였습니다. 나는 출구인가 하고 생각했는데 그 빛은 점점 커져서 주위 전체를 감싸는 것이었습니다. 황금색이라고나 할까요. 그것은 눈부신 빛이었습니다. 그 가운데 여러 가지 색이 혼합되기 시작했고, 드디어 그것은 아직까지 본적이 없는 풍경으로 변했습니다."

죽음을 체험한 사람들의 보고 중에서 또 한 가지 공통되는 점은 기묘한 소리 '딱 딱' '피 피' '우르릉' '부웅' '쏴쏴'라는 불쾌음이 난 뒤 컴컴한 공간으로 내던져지는 일이다. 이 공간은 K씨가 보고하고 있듯이 통상 터널과 같다는 의견이 많다.

사후세계의 연구로 권위가 있는 레몬드 A 무디 박사는 죽은 뒤, 혹은 임종하고 있을 때 그러한 불쾌음을 들은 사람이 많다고 보고하고 있다. 또 그 후에 터널 속으로 끌려 들어간다고도 전하고 있다.

단, 지금까지의 옛 시절의 보고와 달리 죽은 자를 인도하는 사자(使者)는 나타나지 않았다. K씨의 경우는 인도된다기보다는 강제로 이끌려 들어갔다고 할 수 있다.

이와 같은 경향은 종교색이 희박해진 현대를 상징하고 있으며, 병원이라는 다른 환경 속에서의 보고라는 데에 관계가 있는 것 같다.

인생의 영상이 차례차례 나타나다

"미끈한 작은 구형(球形)이 일면에 깔려 있어 반짝 반짝 빛나고 있는가 생각하면 원추형이나 정사각형의 산 같은 것과 육각형의 바위와 파이프와 같은 모양을 한 풀이 묘한 풍경을 만들고 있었습니다. 점점 그 풍경에 익숙해지자 자연이 옛날 본 것 같은 보통의 풍경으로 모습을 바꾸는 것이었습니다. 그것은 어렸을 때에 많이 놀던 그리운 풍경입니다. 나는 기뻐서 그 풍경에 동화하고 싶어졌습니다. 그러자 다음 순간, 내 기억에 남아 있던 어린 시절부터 사고에 이르기까지의 20여년 간이 마치 초스피드의 영화를 보듯이 차례 차례로 나타나는 것이었습니다. 나는 그 영상을 보고 있는 중에 무슨 쇼크를 받은 것 같았습니다. 그 때까지는 무척 냉정했었는데 동요를 느끼게 되었던 것입니다. 지금 생각해 보면 이것이 나를 현세로 되돌아가게 하는 동기가 되었을 것입니다.

어쨌든 비참한 자기의 인생 모습이 영상으로 되어 차례 차례 비쳐졌으므로 견딜 수가 없었습니다. 이러다가는 사고로 흉한 꼴로 죽는다는 것도 이상하지는 않을 것입니다. 나 자신은 정말 그렇게 생각될 정도로 변변치 않은 인생이었습니다. 얼마나 어리석은 생활이었던가! 나는 나도 모르게 마음속으로부터 부르짖었습니다. 이렇게 인생을 마치는 것이 후회스러웠습니다. 그런데 그때까지 여러 가지 영상으로 형을 바꾸고 있던 풍경이 마치 스톱 모션을 한 듯이 정지되고 말았습니다. 얼어붙었다는 표현이 적절할지 모르겠습니다. 마침내 얼어붙은 풍경에 작은 금이 가기 시작했습니다. 그때입니다. 풍경이 바다로 변하고 아니 큰 강이라 해야 좋을지 모르겠습니다. 유유히 물이 흐르는 큰 강 저쪽 기슭에 안면이 있는 사람들의 모습이 보였습니다. 작년에 돌아가신 조부와 고교시절에 오토바이 사고로 죽은 K군, 4년 전에 암으로 타계한 백모님 등 기억에 있는 사람들이 나란히 서 있었습니다. 그러나 그(그녀)들은 저쪽 강기슭에 있어도 그 모습은 하나도 변하지 않았습니다. 죽을 때와 꼭 같은 상태였습니다. 암으로 타계한 백모님은 임종 때와 같이 뼈와 가죽만 있는 그 상태의 모습으로 서 있었습니다. K군은 한쪽 다리와 한쪽 팔을 잃고 머리에는 사고 당시의 처참한 그대로의 모습이었습니다. 그 광경에 나는 소름이 끼쳤습니다. 돌연 풍경이 뭉개지더니 파편이 되어 갈기갈기 사방으로 흩어져 갔습니다. 동시에 주위는 캄캄한 어둠에 감쌌였습니다.

"야, 정신이 드는가 보다!"

아버지의 목소리가 들렸습니다. 나는 현세로 돌아왔던 것입니다. 입원한 지 2일째의 일이었습니다.

"젊은 사람이라서…. 어쨌든 회복력이 기적입니다."

담당 의사는 고개를 갸웃거리며 기적이라고 감탄하는 것이었습니다. 나중에 들은 이야기지만 형의 끈질긴 설득이 없었던들 나는 지금 관 속에 들어 있었을 것입니다. 그것을 알고 나는 앞으로 열심히, 이웃을 위해 살아가야겠다고 생각하게 되었습니다.”

수많은 죽음의 체험보고에서 내가 K씨의 체험을 선택한 것은 최후의 보고가 마음에 남아 있었기 때문이다. 그것은 내가 의사체험(疑似體驗)한 사후세계와 닮아 있었으며, 이야말로 틀림없는 사후세계라고 느꼈기 때문이다.

나 자신 사후세계에서 보고하고 있는 것이 아니라 현세에 몸을 두고 전하고 있는 것이므로 이것이 진실이라고 단언할 수 있는 자신은 없으나 적어도 대자연계의 법칙과 K군의 체험, 그리고 나의 의사체험을 비쳐 보면 하나의 확실한 사후세계가 보여 오는 것이다.

저승에서의 생활은 어떻게 하는가?

당신은 이제 저승에 도착했다. 당신은 먼저 와 있는 영혼들의 환영을 받고, 그들과 잠시 이야기를 주고 받는다. 당신은 새로운 거주지에 안내되어, 그곳이 땅 위에서의 당신이 살던 집과 매우 비슷함을 알게 될 것이다.

그것은 당신이 '이승'에서의 육체생활을 보냈을 때의 경험에서 끌어 낸 상념에 의해 만들어진 것이니까 지극히 당연한 일이라고 생각할 수 있다.

당신이 원한다면 옷을 만드는 것과 똑같은 방법으로 당신 자신이 살 집을 만들 수도 있고, 또는 당신보다 먼저 '저승'으로 온 사랑하는 이가 당신을 위해서 준비한 것일지도 모른다. 어쨌든 당신은 모든 것이 빈틈없이 잘 갖추어진 곳으로 안내된다.

앞으로 당신의 영혼이 진화를 하게 됨에 따라서 당신이 살고 있는 집안의 구상적 요소(具象的要素: 사물 따위가 직접 경험하거나 지각할 수 있도록 일정한 모습을 갖추고 있는 것)의 필요성이 적어져 간다. 또한 집 안에는 신성(神性)의 간소한 디자인이 장소를 차지하게 될 것이다.

당신의 영혼이 걸치는 옷도 당신의 적당한 주거와 마찬가지로 새로운 세계를 인정하는데 잘 어울리게 비실용적이며 초유행적인 것이 될 것이다.

보통 '이승'에서 입는 것과 같은 옷 대신에 상념의 세계에서 만들어진 흰 바탕의 관의인 영의(靈衣)가 될 것이다. 그 곳은 충분히 기능적이며, 당신의 요구를 채워 주게 마련이다.

'저승'에는 도덕상의 공격은 없다. 다만 자기를 조정함에 있어 영적인 조정력의 부족이 있을 뿐이며, 그것이 진실로 당신을 향상시켜 주는 것이다.

'저승'에서의 새로운 생활에 적응하여 시간의 경과를 의식하지 않게 되면, 다음에는 무슨 일이 일어날 것인가 하고 당신은 궁금하게 생각하게 된다. 시간의 흐름이 없다는 것을 이해하는 것은 처음에는 상당히 어려운 일이다. 그 대신 당신은 자기 자신의 존재를 그때의 상태에 의해 측정하게 된다.

한마디로 이러 이러한 사람은 이러 이러한 상태에 놓여 있다는 그런 식으로 말이다. 이윽고 당신이 보다 차원 높은 생활 평면으로 옮겨지면 당신이 바라고 자격이 있다고 인정이 되었을 경우 다른 시간과 다른 상태가 시작된다.

당신이 또다시 시간의 흐름을 느끼게 되는 것은, 살아 있는 사람과 접촉하기 위해 밀도가 짙은 지상세계로 돌아오게 될 때 뿐이다.

시간에 대한 개념이 전부 달라지기 때문에 어떤 영혼에게 있어서는 이들 교신 중에 문제가 생기는 경우도 있다. 그들이 접촉한 사랑하는 사람에게 앞으로 일어날 일에 대하여 미리 알려 주고 있을 경우에 시간을 설명하는데 난처해지는 경우가 있다는 이야기이다. '저승'인 비구상세계(非具象世界 : 눈에 보이지 않는 구조선을 보여주는 구조)에는 밤도 낮도 없기 때문이다.

이승세계의 태양과는 전혀 다른 빛이 저승에는 언제나 꽉 차 있다. 수면과 각성의 리듬이 필요한 영혼은 단지 그것을 원하는 것만으로 그런 상태를 일으키게 할 수가 있는 것이다. 사실 여러 가지 면에서 소망이 곧 사실로 되어서 나타난다. 이를테면 다른 누구와 함께 있고 싶다는 소망상념(所望想念)은 곧 당신을 그 누구 곁에 옮겨 가게 해 준다.

'저승'에서는 자연스럽게 울어 나오는 생각을 조절하는 일은 새로 이곳에 도착한 사람에게는 필요불가결한 것이 된다. 아니면 멋대로 하는 생각때문에 당장 골탕을 먹기 때문이다. 왜냐하면 이곳에서는 무엇이든지 생각만 하면 곧 실현이 되기 때문이다.

조만간 당신은 당신이 오게 된 '저승'에서 행해지고 있는 여러 가지 활동에 참여하게 될 것이다. '저승'에서는 아무런 금지요인(禁止要因)이 없기 때문에 누구든지 자기 자신의 야망을 실현시킬 수가 있다. 그 대부분의 야망은 지상생활에서 실현할 수 없었던 것인지도 모른다.

'이승'에서는 열심히 정직하게 노력했음에도 불구하고 성공하지 못해서, 아무도 귀를 기울여 주지 않았던 음악가가, 이제 갑자기 음악 애호가들을 위하여 영계 관현악단(靈界管絃樂團)을 지휘하고 있는 자기 자신을 발견하게 될 것이다.

만일 그 사람이 한 번이라도 창조한 것이 있다면 온갖 것이 '저승'에서도 다시 나타나게 된다. 이 복제물(複製物)은 거의 완전에 가까우며 '이승'에서 창조한 것보다 더욱 훌륭하다. 이는 물질을 규제하는 법칙이나 인공의 실패가 없기 때문이다. 또한 당신의 인격의 일부에 오랫동안 마음속으로만 원했던 편안하게 쉬고 싶다는 욕망을 갖고 있을 때 이곳에서는 당신이 원하는 곳으로 이끌려서 모든 것을 얻을 수 있게 된다.

또한 '이승'에 사는 사람들에게 저승으로 오기 전에 보다 수준이 높은 영적인 지식을 주기 위해서 이루어지는 많은 여러 가지 일이 있다는 것도 발견하게 될 것이다.

만약 당신 자신이 죽은 뒤에도 삶이 계속된다는 사실을 몰랐던 사람이라면 그런 지식을 알려줄 만한 가치가 있는 많은 사람들에게도 되도록 무지를 일깨워 주어야겠다고 당연히 생각하게 된다.

당신이 그들을 도와주면, 당신이 유익한, 즉 영적인 행위를 했다는 것뿐만 아니라 동시에 자동적으로 당신 자신이 보다 높은 승급을 하게 된다. 이와 같이 죽은 사람의 대부분은 살아 있는 사람들과 연결이 되어 있는 것이다.

그들은 안내자인 경우도 있으며 영매와 힘을 합하여, 또는 직접 살아 있는 사람들을 도와서 우주의 영적인 내용을 터득하도록 해서 우호적인 영향을 주고 있기도 하다. 이것은 죽은 사람이 적극적으로 살아 있는 사람들의 생활 속에 끼어든다는 뜻은 아니다. 말하자면 저마다의 영혼은 자기 자신을 구제하기 위해 스스로 일하지 않으면 안 되게 되어 있어서 타인에게 결정권을 맡길

수는 없는 일이기 때문이다.

한편 죽은 자는 살아 있는 사람들이 그들의 소리를 듣고 싶어 하고 자기들에게 보내지는 생각을 적극 받아들이려고 한다면 암시나 가벼운 주의는 줄 수 있고, 또 주기도 한다.

마지막으로 재생에 대한 문제가 있는데, 이 세상의 대부분의 사람들과 심지어는 심령연구가들도 인간이 죽은 뒤에 재생을 하게 되느냐, 하지 않느냐를 결정적으로 못 박는다는 것은 매우 부담스럽고 어려운 일로서 모두들 이에 대해 논의하기를 회피한다. 그러나 이제 종교적, 철학적인 이념과는 별도로 재생의 조직이 존재한다는 사실을 뒷받침해 주는 충분한 과학적인 증거가 있다는 것이다.

필자는 지금까지 이른바 흔히 말하는 신념, 즉 증명이나 증거의 대용품으로서 특정한 개념을 아무런 비판없이 받아들인 적이 없다.

필요한 것은 이안 스티븐슨 박사가 제출한 다음과 같은 제목의 믿을 만한 보고서를 진지하게 연구하는 일이라고 생각한다. 그 보고서란 미국 심령학협회에서 발행한 「재생을 시사하는 20가지 실례」로서, 기회 있을 때마다 육체 세계로 인간이 다시 돌아온다는 개념을 지지하는 주장이 얼마나 강한 것인가를 잘 알려 주고 있는 글이다.

우주의 지도소(指導素)로서의 카르마를 인도인들은 오랫동안 지녀 왔다. 카르마란 인간이 경험하게 되는 재생(再生)을 지배하는 원인과 결과의 법칙이다.

개인의 영적 성원(靈的成願)과 행위, 태도에 의해 한 번의 재생이 이루어지고, 다음 번 재생은 재생된 개인의 육체를 지니고 사는 동안에 영적으로 이룩한 일과 행위, 태도에 따라서 세 번째 재생이 앞의 경우보다 그 위치가 높아지거나 또는 낮아지게 마련이다.

만일 한 번의 재생으로서 어떤 교훈을 배우지 못했다면, 다음 번 재생에서라는 그런 순서로 하나의 영혼에게 올바른 자세를 가르쳐 주는데 필요한 만큼의 재생이 거듭되는 것이라는 이야기이다.

카르마의 제도는 전부 합해서 열두 번의 의무로서 재생을 요구하며 그동안 황도대(黃道帶: 황도를 중심으로 하여 남북으로 각각 약 8도씩 모두 16도의 너비가 되는 띠 모양의 구역. 해와 달, 행성이 이 띠 안에서 운행한다) 12궁(宮)을 통과하게 된다는 것이다.

그런 후에 개인은 선택의 자유가 주어지게 된다. 그는 열반, 즉 거룩하신 주께서 인도하는 고도로 발달된 존재의 세계에서 쉴 수도 있고, 다시 재생을 선택해도 좋다는 것이다. 이것은 물론 하나의 철학적인 조직개념일 뿐만 아니라 실제의 방법을 뜻하는 것은 아니다.

이와 같은 사람이 몇 번이고 거듭 이 세상에 육체적인 인간으로 태어난다는 사실이 정말임을 뜻하는 이 설은 많은 과학자들의 관심을 끌고 있다. 또한 인도철학(印度哲學)도 사실을 바탕으로 한 것임은 자명한 일이다.

아인시타인 식으로 생각한다면, 어떤 법칙이 지배하지 않는 한 자연계에는 아무 일도 일어나지 않을 것이며, 변하지도 않고 존속하는 것도 없다고 봐야 할 것이다.

'저승'을 지배하는 법칙은 표면에 나타난 부분에 중점(重點)을 두는 '이승'인 구상세계를 지배하는 법칙과는 다르다는 것을 알아야 한다.

지상세계에서는 자기 자신의 마음에 한정되는 단순한 개인적인 문제로서 생각되는 영적인 지식이나 마음가짐이 저승에서는 객관적인 문제이며, 그 결과 자기 자신보다도 타인에 의한 평가를 받게 된다.

영적인 발전이나 마음가짐만이 법칙이 작용해 하나하나의 지위에 영향을 끼치는 가치판단의 눈에 보이는 움직임이 되어 나타난다는 이야기이다.

의식이 그것을 느끼는 한 에너지 분자는 그 인물이 창조하는 마음에서 솟아 나와서 그를 타인과 연결시키는 흐름 속으로 흘러들어간다.

자연계에 있어서는 영적이든 구상적인 것이든 가릴 것 없이 우연이라든가 완전히 우발적인 것에 근거를 둔 것은 없으며, 일련의 법칙에 의하여 지배되는 것이라는 이야기이다. 때로는 잘못이 생긴다. 법칙이 인간에 의하여 그 완전한 적용을 방해받는 경우이다.

어떤 법칙을 보아도 그것이 작용하기 위해서는 두 가지 요소가 필요하게 된다. 적용하는 쪽과 적용 당하는 쪽이다. 전자(前者)가 법칙인 것이다.

누구에 의하여 언제라는 것을 알 수가 없고, 정해진 인간이 관여할 수 없는 조직적인 규칙을 뜻한다. 그러나 법칙은 언제까지나 존재하며 계속 존속하는 것이다.

한편, 자연법칙은 인간의 의견이나 영혼과는 관계없이 계속 작용하는데, 후자는 법이 적용하는 상대자이며 개인, 즉 육체 인간이건 영혼이건 인간임에는 틀림이 없다. 인간이며 영혼을 갖고 있기 때문에 그는 법칙에 대해 저마다의 형태로 반응하게 되는데 때로는 인간은 법칙을 어떻게든 방해하기도 한다. 그것이야말로 법칙이 현재 작용하고 있음을 증명하는 예외적인 사실이다.

이상이 분명히 모순된 출생 전의 기억에 관한 실례, 즉 재생현상(再生現象)이나 전세(前世)에 속하는 기억을 포함한 그 밖의 현상의 손때가 묻은 실제의 예에 대한 필자의 설명이다. 카르마의 법칙이 사람들 모두에게 적용이 된다면 예외가 있어서는 안될 것으로 생각된다.

어쨌든 카르마의 법칙만이 재생하는 시스템을 설명해 준다. 재생시켜 줌으로써 얻는 것이 없다면, 자연은 어째서 이와 같은 시스템을 갖고 있을까.

만일 영의 능력과 개인능력의 진보가 또 다시 태어난 그 인간의 존재에 의해 더욱 더 발전할 수가 있는 것이라면 카르마의 법칙 그 자체에 큰 의의가 있다고 할 수 있겠다. 그것은 결코 완벽한 것은 아니지만 출생하기 전의 기억에 관해서 이것을 포함한 그릇된 믿음과 약간의 실례가 있다. 아마도 이것도 일부러 잘못 전해진 것이라고 생각되어진다.

완전한 재생 시스템 가운데에서 분명히 파격에 속한다고 생각되는 것을 조금만 조사해 보아도 우리들은 재생한다는 사실을 인정하고 이해하는 방향으로 생각이 돌아가게 될 것이다. 아마도 이런 파격적인 사실들은 보다 높은 힘이 일부러 알려주는 것인지도 모른다.

정부의 중요 기밀이 국민의 반응을 알아보기 위해 고관 쪽에서 일부러 '누설하는'그런 경우와 비슷한 것같이 필자는 생각하고 있다.

방법론적으로 말한다면, 땅 위에서 앞서 살았던 세상의 기억의 테이프 레코드는 재생에 의해 또 다른 녹음이 되어도 완전히는 지워지지 않았다는 것을 뜻한다.

특정한 조건이 갖추어지면 앞서 녹음한 것이 재독가능(再讀可能)해진다. 이 조건은 사람들 저마다에 따라서 달라지게 된다.

어떤 경우에는 갑자기 전세의 기억이 꿈속에 나타나기도 한다. 어떤 광경이나 체험이 전세에서 얻은 경험이나 광경과 비슷하게 느껴지는 경우도 있으며, 무엇인가 관련이 있다는 느낌으로 다시 생각되는 수도 있다. 그러나 이 숨어있던 지식을 상기시키는 의식의 맨 아래층에 있는 것에 불을 붙이는 메카니즘은 그것이 완전히 행해지는 것이 당연하다는 지배적인 법칙에게는 단순한 부분품에 지나지 않는다.

사람이 다시금 땅 위로 돌아와 다른 존재가 되면, 이번에는 앞서와는 다른 결과를 얻어야겠다고 생각하면서 앞서 재생되었을 때와 똑같은 시행착오를 되풀이 하게 된다.

육체가 죽고 나면 그는 저승인 비구상세계로 되돌아온다. 그는 새로운 근친과 친구들의 마중을 받게 되며, 앞서 저승으로 돌아 왔을 때의 일들은 아무것도 기억하고 있지 않다.

여기서도 때로는 예외가 있는데 앞서 존재했던 것을 기억해내는 경우도 있고, 옛 친구와 다시 만나 그를 알아보는 경우도 있다. 그러나 대부분의 사람들은 전번에 영계에 왔던 일들을 기억하지 못한다.

우주 법칙의 입장에서 본다면, 비구상세계인 '저승'이 진짜 세계이며, 구상세계인 '이승'은 일시적인 실존에 지나지 않는다. 죽음은 항상 귀향이며, 탄생은 고향을 떠남을 뜻하고 있다. 비구상세계인 '저승'은 과연 어디에 있는 것일까. 위쪽인가, 아래쪽인가, 지구의 안쪽인가, 바깥쪽인가? 구상세계와는 틀리는 속도를 움직이고 있으나 필자가 배운 바에 의하면 방향적으로 보아 위라고 생각한다.

인간의 영혼이 땅속으로 또는 아래쪽으로 사라졌다는 보고는 아직 한 번도 받아 본 적이 없다. 송신하기 위해 돌아온 영혼들의 대부분이 이 세상으로 돌아오는 어려움과 땅위로 내려오는 긴 여행을 이야기하고 있다. 그러니까 우리들이 갖고 있는 여행이라는 개념에서 본다면 '저승'은 굉장히 먼 곳에 있는 게 분명하다.

정신요법을 필요로 하는 사람들에 의해 주장되고 있는 금성인 (金星人)이니 화성인(火星人)이니 하는 이상한 개념이 있기는 하지만 지구인 외의 사람들이 '저승'에 살고 있다는 증거는 아직껏 없다.

이쪽 세계로 내려올 때 죽는 사람의 영혼은 때로는 지상상념이나 기억 속에 역행하지 않으면 안 되는 경우가 있다. 만일 그들 기억이 끔찍한 죽음과 같은 고통에 가득찬 것이라면, 송신의 최초의 부분은 누구에게나 몹시 불유쾌한 것이 될 것은 분명하다.

그들 영혼들은 모든 것을 거꾸로 거슬러 올라가 다시 경험을 하게 되는데, 그들 영혼들은 상념체(想念體)를 볼 뿐, 객관적인 실체는 보지 않는다는 것을 알고 있는데, 그들의 감각은 보통 인간형 형식에 반응하여 한동안 괴로워하게 마련이다.

경험을 많이 쌓은 심령연구가만이 이런 종류의 교신(交信)에 관여할 수 있는 것은 바로 이 때문이다. 어설픈 호기심만을 가진 사람들은 영혼과의 접촉은 서뿔리 안하는 것이 좋다고 생각된다.

저승은 영원불멸하는가?

죽은 사람과의 교신은 가능할 뿐만 아니라 자세히 증명될 수 있다는 것은 독자 여러분들도 충분히 납득 했으리라 믿는다. 이미 증명된 사실을, 이런 일은 있을 수 없다고 거부한다는 것은 선입관에 사로잡혀 있는 완고한 불신일 뿐이다.

이것을 해소시키기 위해서 때로는 두뇌의 체조가 필요하기도 하다. 그들의 영혼불멸의 가능성을 거부하는 이론에 따르기 위해서 사실을 왜곡시키는 것은 결코 쉬운 일은 아니다.

이러한 정신적인 곡예사들 중의 한 사람인 프라이부르크 대학의 교수인 저명한 독일인 초심리학자 한스 벤다 박사다. 그는 기회가 있을 때마다 학생들에게 자기는 절대로 영혼불멸의 가능성을 인정할 수 없노라고 말했다.

이미 나타난 증거와 이제부터 나타나기로 되어 있는 대학으로부터 '색다른 생각을 하고 있다'는 비평을 받게 될 것을 두려워한 나머지 취하지 않을 수 없는 완고한 태도로서 현재 알려져 있는 과학적인 자료를 유물론적인 신비론의 좁은 테두리 안에 억지로 잡아넣으려고 안간힘을 쓰고 있다.

그의 주장에 따르면 유령이나 죽은 사람으로부터의 통신을 포함한 온갖 심령현상은 관찰자나 의뢰인이 이익을 위해 영매가 그 복제를 만드는 일종의 원격조작이 그 원인이 되어 있다는 것이다. 만일 진정한 교신이 '저승'에서부터 온 것이라고 해도, 영매는 오직 호기심을 가진 자들을 기쁘게 하려고 하고 있을 뿐이다.

한편, 심령에 관심을 가진 사람들은 영매로부터 영혼이 분명히 존재한다는 긍정적인 결과를 얻는 데 기대를 갖고 심령가로 하여금 의뢰인들이 바라는 쪽으로 정보를 제공함으로써 그 심령현상이 일어난다고 생각한다.

다시 말해서 벤다 박사의 견해에 의하면, 탐구자들 편에서 긍정적인 태도를 보이는 것만으로도 그런 심령현상을 나타내는데 충분하며, 따라서 모든 심령현상은 단지 영매들의 조작일 따름이다. 또한 독립된 영계의 존재를 증명하는 것은 아니라는 이야기이다. 물론 이 말처럼 진실에서 멀리 떨어진 견해는 없다. 긍정적인 태도가 때로는 보다 좋은 분위기를 만드는 게 사실이지만, 대단히 어려운 강령현상을 반드시 성공시킨다고는 할 수 없다.

한편, 부정적인 태도를 나타낸 의뢰인이 상당히 증명도가 높은 통신을 얻은 많은 사례로 기록되어 있는 터이다. 그러나 덮어놓고 글자 그대로 영혼이 존재한다는 증거를 아무 비판없이 받아들인다는 것도 너무 조잡한 느낌이 드는 게 사실이다.

만일 ESP현상〔텔레파시, 투시, 예지의 통합적인 작용에 의해 정보를 획득하는 능력〕을 연구하는 진지한 학도가 이용할 수 있는 증거가 이 구상세계(具象世界)와는 다른 곳에 비구상세계가 있다는 것을 인정하지 않으면 안 된다.

이런 사실을 벤다 박사는 인정하려고 들지 않는다. 인정한다면 인간이 마음과 심령(心靈), 혼(魂)— 말은 아무래도 좋지만 그러한 것을 갖고 있는 가능성이 있음을 인정하는 것으로 받아들여질 것이기 때문이다.

'죽음'이라고 하는 특정된 영역의 규범과 법칙에 대한 관심은 물론 지난 수백 년에 걸쳐 과학자나 철학자, 의학자, 일반 사람들의 마음을 점령해 온 터이다.

필자 개인이 잘 알고 있는 많은 관찰 자료와 실례를 통해 필자는 이 문제에 대해 몇 가지 결론을 얻을 수가 있었다. 이는 영혼불멸의 증거를 아무 비판 없이 그냥 받아들이자는 것은 아니며, 현대의 과학적인 연구법 기준에 의해 그 증거들을 평가하자는 것이다.

아마도 앞으로 오랜 세월이 지난 뒤에는 무엇인가 다른 방법으로 알 수 있게 되리라고 생각되지만, 우선 당장은 이런 태도가 현실적인 것이라고 필자는 생각한다. 즉, 경험을 한 사람과 관찰자는 일치된 구체성을 얻기 위해 각자가 겪은 체험이나 결과를 서로가 알려 주고 있지 않다.

흔히 이야기하는, 미리 타협을 지었다든가 후에 서로 이야기의 앞뒤가 맞도록 조작하지도 않았다는 것이다. 상황이 일치함의 확인은 저마다 독립적으로 분리되어 전혀 관련이 없는 실례를 자세히 조사한 뒤에 필자가 정리했다.

몇 년 전 「보이지 않는 세계의 생명」이라는 제목의 안소니

볼저의 저서가 ESP 연구 분야에 화제를 불러일으켰다. 이 책이 하나의 조작에 지나지 않는다고 말한 사람도 있었고, 영계의 생명체에 대해서 처음으로 합리적으로 소개했다고 높이 평가한 사람도 있었다.

이 책에 이어서 「속편 : 보이지 않는 세계의 생명」도 나왔다. 두 책이 다 같이 심령연구 서어클에서는 굉장한 논의의 대상이 되었다.

볼저는 영국의 영매로서, 자기는 로마 가톨릭의 고승(高僧) 로버트 휴 벤슨의 대변자 역할을 했다고 주장하고 있다. 주로 자동기술(自動記述)을 통하여 이 죽은 고승[전 캔터베리 대승정의 아들]은 살아있던 당시의 자기가 범한 잘못된 생각을 바로 잡으려고 했다.

그가 말하는 가운데에는 사후의 삶과 그것을 진실이라고 하는 주장에 대해 자기가 취한 부정적인 태도도 포함되어 있었다. 자기의 생각을 대변해 줄 수 있는 영매를 찾아낸 이 고승은, 자기가 죽었을 때의 장면과 '저승'에서의 생활의 여러 가지 양상에 대해서 이야기를 하고 있었다. 하지만 이들 법칙은 우리가 살고 있는 '이승'과는 다르다.

볼저의 책을 읽고 필자가 우선 느낀 것은 어떤 종류의 의혹이었다. 그러나 필자는 의심하기를 그만두었다. 그가 쓰고 있는 내용의 대부분은 스웨덴보그의 「천국과 지옥」 속에서도 찾아볼 수가 있기 때문이었다.

18세기의 언어와 스웨덴보그의 독특한 시적(詩的) 문제는 볼저가 그런 것과는 다른 '저승'의 이야기를 하고 있었지만 두 책에 쓰여진 기본적인 사실은 모두가 공통점을 갖고 있었다. '저승'에서의 생활에 대한 부수적인 이야기는 다른 심령책에서도 도처에서 찾아볼 수 있다.

　필자가 연구한 실례의 대부분은 '저승'에 대한 기록적인 요소를 포함하고 있다. 즉 '당신이 죽으면 어떻게 되는가?'라는 사실이다.

　죽을 때가 가까워지면, 앞서 이 세상을 떠난 근친자와 친구들이, 눈앞에 닥쳐 온 '이승'에서 '저승'으로 옮겨 가는 일을 도와주기 위해 주위에 모여들게 된다. 빈사 상태에 놓인 사람은 흔히 죽기 전에 그들을 보는 수가 있다. 죽음이 눈앞에 닥쳐오게 되면 의식과 무의식의 속박이 매우 느슨해지기 때문이다.

　미국 심령학협회의 카리스 오시스 박사는 여러 병원에서 위독한 환자를 관찰하며 보람찬 연구를 해온 사람이다.

　그의 보고에 의하면, 죽어 가고 있는 사람만이 보거나 듣거나할 수 있는 죽은 친구나 근친의 출현이라고 생각되는 현상이 병실에서는 흔히 볼 수 있다는 것이다.

　전에는 이러한 현상을 '죽어 가고 있는 인간이 보는 환각'으로서 간단히 취급되었었다. 즉 삶의 최종단계에 이른 병자는 정신적인 능력이 결핍되기 때문에 그 증언을 바로 받아들일 수 없다는 이야기였다.

지금 이 같은 현상에 새로운 눈길을 돌리고 있는 심령연구가도 있다. 필자 개인의 견해로는 죽어 가고 있는 사람이 죽은 근친이나 친구를 볼 수 있다는데 의심을 갖지 않는다. 육체가 삶과 죽음의 투쟁을 포기할 때 육체와 인격의 마음, 기억을 가진 에테르체, 즉 육체와 그 속에 깃들어 있던 생명체를 연결시켜 주고 있던 '은실'이 끊어진다. 보다 많은 경험을 쌓은 영혼들의 도움을 받아서 새로운 생명체는 육체에서 빠져 나와 '저승'으로 안내된다.

병의 종류에 따라서는 할 수 없는 경우도 있지만, 보통 죽는 사람에게 이런 일이 일어날 때는 아직 의식이 남아 있다. 불행한 일이지만 현대의 의사들은 이러한 위독 환자에게는 고통을 덜어 준다고 마구 마취제를 사용한다.

마취제가 사용된 사자(死者)는 그 병이나 치료의 영향이 사라질 때까지 '저승'의 병원에 해당되는 그런 곳에 데려 가져서 저승 의사의 도움을 받을 필요가 있다. 그리하여 비로소 육체를 잃어버린 인간은 이제 바야흐로 그가 살게 된 세계에서의 항해를 계속할 수가 있다.

특수한 영능력자가 아니면 이 여행을 관찰한다는 것은 매우 어렵다. '저승'은 우리들이 지금 살고 있는 '이승'인 현상우주(現象宇宙)를 만들고 있는 분자보다도 훨씬 빨리 움직이는 에너지 분자로 구성되어 현실세계와 같은 공간적인 넓이가 존재한다.

두 종류의 열차가 같은 궤도 위를 다른 속도로 달리는 것과 같은 이치로 충돌하는 일은 없다. 빠른 속도의 열차가 늦게 달리는 열차의 앞을 가로지를 염려는 없다.

필자가 알고 있는 모든 사례에서 죽은 사람은 그들이 살고 있는 세계가 '이승'에서 멀리 떨어져 있다고 이야기하고 있다. 그들이 영적인 인격의 발달 단계에 맞추어 저마다 다른 형의 사람들이 사는 각층의 평면, 즉 거주 활동단에 대해서 설명을 해도 이들 각층 평면을 시각적인 상상으로 파악하는 일은 처음에는 어렵다. 그러나 우리들이 갖고 있는 공간개념이나 3차원적 견해를 버리고 상념의 세계에서는 온갖 상념도 손으로 만질 수 있는 실재의 것이라고 가정한다면 그들 평면은 우리들 즉, 살아 있는 사람이 느끼는 감각에서의 완전한 고체 평면이 아니라 저마다의 다른 발달 단계에 놓여 있는 생명체의 덩어리로 이해될 수 있다.

천국행과 지옥행

저승인 비구상세계(非具象世界)에 있어서는 끼리끼리 모이게 마련이다. 이것은 물론 민족이나 종교·나이·재산에는 하등 연관이 없으며, 인간이 지닌 본질적인 요소, 즉 영적 자아에 의한 것이다.

육체가 죽은 뒤에 남는 것은 전인격(全人格)은 아니다. 엄밀하게 이야기한다면 뒤에 남은 것은, 정동적 자아(情動的自我)인 것이다.

이와 관련이 없는 다른 사항은 곧 불필요한 것으로서 버려진다. 5년 전의 전화번호가 몇 번이었던가 하는 기억은 가져갈만한 가치가 없기 때문이다. 그러나 굉장한 기쁨이나 결혼, 친구와의 우정, 즐거운 여행, 또는 이와는 반대로 커다란 비극이나 작은 비관 등은 모두 기억되어서 영적 자아의 일부로서 남게 된다.

보통 죽음, 즉 질병·노쇠증·쇠약 등 크거나 작거나 간에 평범한 죽음의 경우에는 저승으로의 이동은 당연히 빨라지게 마련이고 방해받는 일도 없게 마련이다.

죽은 사람은 저승의 근친자(近親者)와 친구 — 전부가 아니라 영적으로 친밀한 사람들에게 둘러 싸여서 눈을 뜨게 되며 생명이 계속된다.

처음에는 '이승'인 땅 위에 살았을 때의 생활습관을 모델로 한 생활을 하게 된다. '이승'에서 옮겨 온 자기와 다를 바 없으니까 계속되는 생명의 거의 대부분은 전날의 기억과 습관 양식, 땅 위에서 육체적 생명을 지니고 있었던 기간 안에 축적된 정동(情動) 자극으로부터 이루어진다. 차차 새로운 지식과 자기 자신에 대한 새로운 관념을 얻게 되어 그것들을 자기의 사고방식에 맞추게 됨으로써 자기 자신에게 앞으로 도움이 되지 않는 것은 떨쳐 버리게 된다. 즉, 자기 자신이 가장 좋았던 시절이라고 스스로 인정하는 상태로 돌아간다는 이야기이다.

이것은 지배령(支配靈)이 명령하는 상태가 아니며, 사실에 있어서 '저승'은 우리들이 알고 있는 것과 같은 일체의 강제에서 해방된 곳이다.

그곳에서는 법(法)은 힘보다도 오히려 도덕적인 압박으로 관리된다. 새로 도착을 해도 즉시 자기들의 가장 좋았던 시절로 돌아갈 수 없는 사람들도 있을지 모르겠고, 노년기의 자기가 더 좋다고 생각하는 영혼도 있으리라고 생각된다.

이렇게 되는 과정은 완전히 자발적인 것이며, 자기가 자기 자신을 조정할 수 있으므로 이런 온갖 소망은 이루어질 수 있다. 그 또는 그녀가 '이승'에 살았을 때의 자기의 모습을 유지할 수 있듯이, 물론 타인과 같이 될 수도 있다.

의복에 대한 문제는, 필자는 이 점에 대해서 질문하는 사람들을 매우 딱하게 생각하고 있다. 상념의 세계에 살고 있는 사람들에게 있어서 옷을 입는다는 것이 어떻게 가능할 수 있겠느냐 하는 생각을 가졌기 때문이다.

대답은 아주 간단하다. 모든 것이 아주 간단하다. 모든 것이 상념의 창조물로서 이루어져 있는 세계에 있어서는 젊고 새로운 육체와 멋진 옷을 만들어 내는 데는 차이가 없다.

개인이 자기가 입고 싶다고 생각하는 옷을 생각해 낼 수 있는 한 그는 그 옷을 입게 된다. 즉 타인의 눈에 어떻게 보이게 되느냐 하는 것뿐이라는 이야기이다.

그는 '이승'의 집에, 영매를 통해서거나 또는 직접 귀환여행을 하게 되는 경우, 육체 세계에 살고 있는 근친들을 생각해서 옛날의 모습 그대로 나타날지도 모른다.

땅 위에서 평소 입고 있던 옷과 영계에 있어서의 그 복체(複體)가 어느 정도 비슷한가는 먼저 입었던 옷의 모양을 시각화 시킬 수 있는 본인의 능력에 달려 있는 것이다. 그런 옷을 걸친 자기의 모습을 시각적으로 재생시키는 일은 능력에만 달려 있다.

그런 옷을 걸친 자기의 모습을 시각적으로 재생시키는 일에 능숙하면 할수록 자신의 영체를 정확하게 재생시킬 수 있을 것이다. 생각이 달라지거나 먼저 모습으로 되돌아가고 싶지 않다고 생각하지 않는 한 완전히 '이승'에서 살아있었을 때와 똑같은 모습을 하고 있을 수 없다는 이야기이다.

상처를 입고 살해당하는 등 영계로 갈 수가 없어서, 세상에서 유령이라고 말해지는 땅 위 세계인 '이승'과 인연이 끊어지지 않은 영혼들은 그 전의 자기 모습으로 되돌아가거나 입고 싶은 옷을 입을 수 있는 이 같은 자유가 없다.

그들은 아직 '저승'의 주민이 아니며, 두 개의 세계 중간대에 사로잡혀 있거나 좀 더 나쁜 경우에는 물에서 뛰쳐나온 물고기와 같은 상태에서 '저승(具象世界)'에 놓여 있는 것이다.

이와 같은 문제에 대해서 필자는 몇 권의 책을 쓴 바 있고, 영계로 들어오는 문턱 근처에서 헤매고 있는 이들 많은 불행한 사람들의 영혼을 좋은 영매의 힘을 빌어서 어떻게 구제할 수 있는가에 대해서 해설한 바 있다.

'저승'에 도착한 새로운 영혼은 먼저 근친과 친구들에게 둘러싸여서 대기실이라고 할 수 있는 곳에 안내된다. 이곳에서 더 여행을 계속해도 좋은가? 병원에 입원해야 할 것인가? 한동안 관찰할 필요가 있는가? 등을 조사받게 된다.

우리들이 알고 있는 것과 같은 시간은 '저승'인 비구상세계에는 없지만, '이승'에서 말하는 2,3주일 정도를 사후의 예진단계(豫診段階)에서 보내는 일은 흔하다.

육체의 죽음에 앞서서 오랫동안 질병으로 고생하고 있었을 경우에는 특히 이것이 필요하다. 육체의 파멸은 에테르체, 즉 영적자아의 상태를 손상시키지는 않지만, 오래 끈 질병은 인격정동부(人格情動部)에 주는 고통상태를 만들어 내기 때문에 '이승'의 경계선을 넘어오는 영혼에게 대단히 약해진 상태에서 문제를 안겨 준다.

그들 고통받는 영혼에 대한 판단의 기간은 절대 필요한 것이며, 그것은 사람이 아무것도 의식하지 않는 깊이 잠들어 있는 상태와 비슷하다. 그것은 꿈도 꾸지 않는 상태이며, 그를 둘러싸고 있는 일체의 어떤 것과도 관계가 없는 상태이다.

그런 과정이 지난 뒤에 그는 앞으로 나아가도록 허용되는데, 대개는 지정된 안내자의 도움을 받게 된다. '저승'에서의 안내자는 꼭 먼저 '이승'을 떠난 근친이나 친구이어야 할 필요는 없으며, 새로운 환경에 그를 익숙하게 만들 임무가 주어진 영혼이면 어느 누구라도 좋다.

필자는 누가 이런 지시를 내리는 것인가 상당히 궁금하게 여겨 여러 가지로 알아보려고 꽤 애도 써 보았지만, 아직 누가 '저승'의 최고 책임자인가를 알아내지는 못했다. 그것은 항상 주님들로부터 지시를 받은 영혼들이 맡는 일이며, 이들 영혼들은 보통 영혼들보다 진보해 있든가 기능이 발달되어 있을 따름이다. 그러나 주님들은 이른바 초인이나 성인은 아니며, 전날에는 당신이나 필자와 같은 사람이었던 분들이라고 본다. 그러나 누가 주님들에게 지시를 내리는지는 필자로서는 분명히 밝힐 수가 없다.

좀 더 적당한 말을 찾기까지는 필자는 이 조직을 '저승'에서의 '2층의 어린이들'이라든가 '감독청'이라고 부르기로 했다.

그 법칙이 매우 실효적이라는 것을 필자는 이해했다. 만일 자기의 이미지를 고치고 싶다고 생각하면, '이승'의 학교에 해당되는 곳에서 공부를 하면 그렇게 될 수가 있다. 더욱이 생명은 영속하는 것이라는 관념을 갖지 않고 '저승'으로 넘어 온 대다수의 사람들은 새로운 사실체계(事實體系)를 배우고, 교회나 과학자들이 땅 위에서 그들에게 가르친 것과는 전혀 틀리는 개념에 적응하지 않으면 안 된다.

영감각(靈感覺)에 있어서의 진보는 가능하며, 또한 그렇게 되기를 바라고 있는 것도 사실이다. 그러나 영혼의 발달 정도가 낮은 사람이 다시 자기도 그렇게 되고 싶다는 생각 뿐, 발달된 영혼들과 나란히 갈 수는 없다고 생각된다.

이와 같은 사람이 자기가 놓여져 있는 평면에서 나와 보다 높은 수준의 평면으로 들어가려고 애를 쓰게 되면, 결국은 숨이 막혀 버리게 된다. 한편 높은 수준에 있는 영혼은 낮은 곳을 마음대로 방문할 수가 있다.

이것은 쉽게 이해될 수 있는 일이다. 결국 에테르체(體)의 보다 빨리 움직이는 분자는 보다 진하고, 움직임이 느린 구상체를 만드는 분자를 뚫고 지나갈 수가 있다는 이야기가 된다.

영체 속을 거닐고 싶다고 생각하는 영매는 일시적으로 저승에 속하기 위해서는 자기의 육체 바깥으로 나오지 않으면 안 된다. 진동을 하강시키는 것은 상승시키는 것보다는 쉬운 일이다.

본질적 능력이 낮은 자가 보다 높은 차원의 세계로 올라가는 유일한 방법은 패를 짜서 노래를 부르는 것에 의하여 진동을 인공적으로 만든다든가, 호흡조절 훈련, 방해가 되는 백색광(白色光)의 제거, 완전한 상념의 집중과 같은 보조적인 방법을 강구하는 수밖에 없다. 그렇게 해 보아도 성공하기란 매우 드문 일이다.

일시적이지만, 하다가 끝내지 못한 일이 없다든가 죽음에 의한 영혼의 분리에 대해 납득할 수 있는 힘이 없는 그런 경우에는 '저승'에 도착한 영혼은 '이승'에 곧 송신해야겠다는 생각이 나지 않는 경우도 있다.

이것은 물론 방금 도착한 신기하고 놀라운 신세계에 압도되거나, 새로운 것을 배우고 보고 하느라고 뒤에 남겨 놓고 온 '이승'과 접촉하겠다는 기분이 없어지기 때문이다.

차차 새로운 환경에 익숙해져서 새로운 환경에서 살아가는 방법을 터득하게 되면, 눈길은 뒤에 남기고 온 세계로 향해지게 된다. 이 세계가 적성에 맞지 않거나 부정적인 영혼들은 자기들의 새로운 신분을 따분하게 생각하게 된다.

대다수의 영혼들은 종교가 단순히 천국이라고만 부르고 있는 곳에 커다란 기쁨을 안고 들어온다. 이런 영혼들 가운데에는 승려나 목사도 포함되어 있다. 다만 이 천국에는 등에 거위의 날개를 달고 금나팔을 불면서 이리 저리 날아다니는 그런 천사란 없다.

천국행과 지옥행의 문을 등지고 열두 명의 사도들에게 둘러싸여 관을 쓰고, 백발을 기른 성 베드로가 새로운 영혼들을 심판하는 일은 없다.

그와 마찬가지로 지옥은 많은 종교적인 설화를 고지식하게 믿는 사람들 눈앞에 그려져 있는 것과 같은 그런 곳은 아니다. 붉은 빛 팬티를 걸친 천덕스러운 녀석이 죄인을 삼지창으로 몰아세우지도 않고, 육체를 지니고 있었던 당시 타인에게 대해서 범한 잘못 때문에 육체에게 고통을 주는 유황불이 부글부글 끓는 골짜기도 없다.

성적 변태에 사로잡혀 있었던 중세의 중놈들이 만든 이런 환상

대신에 하나 하나의 영혼들이 자기 자신의 과거를 돌이켜 봄으로 써 생기는 천국이나 지옥이라면 얼마든지 존재한다. 지난날을 회 상하여 자기 자신의 마음으로 자기의 천국이나 지옥을 만들어 내 는 것은 사실이기 때문이다.

'저승'으로 옮겨올 때가 되어 자기만이 다른 영혼들과는 아무 런 관계가 없는 지옥이 생겨난다. 많은 죄업을 짊어진 사람들의 영혼이 자기만의 은밀한 지옥에 빠져서 그곳에서 도망쳐 나오는 방법을 모른다면 지옥이라고 하는 구체적인 장소가 존재한다는 환상이 생길지도 모른다. 그러나 그것은 개개인의 발달 정도의 영적인 발전의 결여에 의해 모여지고 서로 끌려서 한데 모인 저 마다의 정도에 알맞은 군중들의 모임에 지나지 않는다. 이것이 '저승'이 지닌 일면이라고 볼 수 있다.

천국형 영혼의 집단과 지옥형 영혼의 집단을 나누는 선은 뚜렷 하지 않다. 생전에 살았던 그대로의 자기 자신을 이끌고 '저승'으 로 옮겨 간다. 따라서 '이승'에서 평화스럽게 살던 생명체라면 평 화스럽고 아름다운 세계가 기다리고 있다는 뜻이 된다. 그러나 양심이 타인에게 대하여 그릇된 짓을 했다는 불안감에 사로잡혀 있다면, 이런 감정도 상념 자체가 구상물인 세계에 있어서 직접 느낄 수 있는 실재물임을 알 수가 있다. 따라서 필자가 독자 여러 분들에게 줄 수 있는 유일한 위안은 인간은 모름지기 영적 가치 가 있는 생활을 보내야만 한다는 것이다. 그렇다고 해서 종교적 이며 신성하고 도덕적인 생활을 하라는 뜻은 아니다.

이웃집 부인이 너무나 예쁜데 견디다 못해 키스를 한 것이 '저 승'으로 간 뒤에 그 사람을 지옥형의 장소로 보낼 정도의 이유는 되지 않는다. 그와 마찬가지로 매주 일요일마다 한 번도 빠지지 않고 교회에 나갔다고 해서 그것이 하나님 곁에 앉을 수 있는 자 리를 보증해 주는 것도 아니다.

인간이 만들어낸 선악의 관념은, 영계에 있어서의 인간의 격을 결정짓는 자연의 법과 반드시 동등한 것은 아님을 알아야 한다. 그러나 이를테면 다른 사람의 생명을 뺏는 것은 언제나 죄가 된 다. 전시중의 일이었고 그럴만한 정당한 원인이 있어서 살인을 했더라도 그런 짓을 하면 '저승'에 왔을 때 반드시 후회하게 된 다. 이를테면 어떤 원인에서도 사람을 죽인다는 것은 땅 위에 사 는 인간의 목적과 어긋난다는 것을 알 수 있다.

또한 '이승'과 '저승'의 경계를 넘기 전에 살해당한 자와 당연 히 부딪치게 된다. 살해당한 편이 먼저 '저승'에 와 있으니까 당 연히 영적인 지식도 앞서 있게 마련이다. 사람을 죽여도 좋다고, 누가 어떤 원인으로 그렇게 하라고 명령했다고 해도 이것은 이미 필자가 다룰 수 있는 범위 바깥의 문제이다.

필자는 살인을 비난한다. 마땅히 혐오해야 할 일이라고 생각한 다. 예외라는 것은 우선 없는 법이니까 예외를 둘 필요도 없는 일 이다.

악인에게 협박당하여, 자기의 생명을 지키기 위하여 상대의 목 숨을 뺏었다면 형사적인 처벌은 면할런지는 모른다. 그러나 용 서가 되지는 않는다.

자연의 법칙은 당신에게 성인이 되라든가, 죽이기보다는 살해 당하라고 요구하고 있는 것은 아니다. 그러나 자연의 법칙은, 상대에게 대해서 상대의 무기를 돌리기 전에 살인자인 상대로부터 도망치기 위하여 가능한 한 비폭력의 방법으로 최선을 다하라고 요구하고 있는 것이다.

사고사(事故死)는 법적으로 또는 도덕적인 면에서도 결과적으로 구원받게 마련이지만 '이승'에서의 잘못을 저질렀다는 죄의식 은 아무리 그 때의 실제 행위가 무죄였었다 해도 줄곧 따라붙 게 마련인 것이다.

고도로 발달된 영적인 존재로서 우리들은 모든 행위를 신중하 게 해야 할 책임과 의무를 지니고 있음을 알아야 한다. 너무나도 자주 부상을 입는다는 것은 무엇인가 사고방식이 그릇된 곳이 있 기 때문이라고 할 수 있다.

자연의 법칙은 과실에 대해서도 속죄시킬 뿐만 아니라, 선행에 대해서도 보답을 해주게 마련이다. 이것은 상품수여위원이 월계관 을 주는 그런 것을 뜻함은 아니다. 보수는 훨씬 직접적인 것이다.

온갖 비이기적 또는 영적으로 가치 있는 행위나 태도에 대해서 는 누구나 옳은 일을 했다는 깊은 감명을 받는다. 이런 은밀한 느 낌을 갖는 것 자체가 보수인 것이다. 그러나 '저승'의 상념은 실 제물과 같은 뜻을 지닌 것이기에 이와 같은 감명의 발현은 자동 적으로 그 사람을 의식의 높은 수준으로 올려 준다. 이리하여 과 거의 행위나 태도에 의하여 그 사람은 발전한다.

여러분이 만일 원한다면 생명의 본질에 대해서 많은 것을 배웠

으니까 육체가 없어진 뒤에도 명예를 회복할 수가 있다. 향상하는 것과 마찬가지로 퇴보도 항상 가능한 것이다.

법칙은 눈에는 보이지 않지만 작용하고 있고, 항상 존재한다고 생각하면 틀림이 없다. 그 법칙은 적용되는 데 있어서 자동적이며, 또한 신속한 것이기에 당신 자신의 행동이 그 법칙을 작용하게 하는 것이다.

궁극적으로 당신 자신을 조정하기에 따라서 '저승'에서의 운명은 결정되는 것이다.

저승행 열차표

이야기를 더 진전시켜 볼까 한다. 신체기관을 갖춘 것, 안 갖춘 것을 가릴 것 없이, 또한 인간이 만들어낸 것까지 포함해서 자연계의 모든 것이 비구상세계인 '저승'에 어떤 의미에서의 자기 분신을 갖고 있는 게 아닐까? 물론 갖고 있다. 즉 인간이 어떤 사물에 대해서 생각할 수가 있다면 그것은 존재하는 것이기 때문이다.

사람이 자기가 알고 있던 세계를 재생(再生)시킬 경우, 그는 죽음이 그를 불러간 새로운 차원에서 그를 둘러싸는 세계의 복제를 창조한다.

죽은 사람에게서 보내오는 영계통신의 대부분과 '저승'에 가본 일이 있고 돌아오지 않으면 안 되었던 아주 소수의 사람들은 한결같이 아름다운 시골의 광경, 색채, 한참 무르익은 자연의 풍경을 이야기하고 있는 것이다.

'저승'에 있는 모든 것이 '이승'의 것과 똑같았으며, 다만 저승의 것이 훨씬 좋고, 이를테면 꽃의 경우를 보더라도 한창 핀 꽃과 같이 훨씬 발달해 있는 것 같다.

병원의 수술대 위에서, 또는 사고로 죽었다가 의사의 기술과 애쓴 보람이 있어서, 자기보다는 아마 영계에서는 아직 올

것을 기대하지 않았던 때문이리라. '이승'으로 되돌아오게 된 사람들이 가장 흥미있는 증언을 하고 있는 것이다.

현대의학에서는 이런 증언들을 충격 또는 신경마취에 의한 환각(幻覺)이라는 딱지를 붙여서 일소(一笑)에 붙이고 말겠지만, 이런 죽음을 체험한 사람들에 의하여 이야기된, 보고 온 '저승'의 모습은 모두가 한결같이 똑같으며 세밀한 점까지 이치가 맞는 것이다.

이를테면 수술 도중에 심장이 멎어버린 한 부인은 자기 자신이 공원과 같이 아름다운 풍경 속을 걷고 있는 것을 보았다. 꾸불꾸불한 길이 막힌 막다른 골목에서 그녀는 흰 까운을 입은 몇 명의 사람들이 그녀에게 되돌아가라고 손을 흔들면서 큰 소리로,

"아직 올 때가 안 되었으니까 돌아가세요."

하고 소리치는 것을 들었다.

다음에 그녀가 알게 된 것은 자기가 자기의 육체로 되돌아와 있다는 것이었다. 외과 의사가 심장 맛사지를 하고 있었고, 마침내 그녀는 '이승'으로 돌아온 것이었다. 죽어가다가 죽지 못한 사람들의 체험담 속에는 반드시 되돌아가라고 권유받은 이야기가 들어 있는 것이다.

이것과는 대조적으로 자살했을 경우에는 '저승'에 도착하면 반드시 엄격하게 다루어지고 있다. 마치 바람직하지 못한 인물이 적당한 여권도 없이 들어 온 것을 취급하는 것과 같이 다루어지는 것이다.

다 같이 그들은 정지당하고, 자살이 어리석은 짓임을 깨우쳐

주는 적합강좌(適合講座)와 같은 것을 교육받게 된다. 또한 카르마의 법칙도 자살을 해서는 안 될 것으로 규정짓고 있다.

자살자는 다음 번 재생에서도 같은 짓을 되풀이 하게 된다. 땅 위에서 일단 저지른 행위에서 도망칠 수도 없고, 속일 수도 없는 것이다.

필자의 소견으로는 이상과 같은 일로 미루어 보아서, 우리들 한 사람 한 사람의 '저승'에 도착하는 시간을 정한 매우 엄격한 법칙이 있는 게 아닌가 생각된다.

필자는 누가 그 시간표를 만드는지는 알 수가 없으나 저승행 열차를 타는 시간을 변경시킬 수 없다는 사실은 알고 있다.

어떤 의미에서 이것은 즐거운 일이다. 죽음에 대한 공포를 없애 주기 때문이다. 분명한 것은 정해진 시간의 1초 전에도, 뒤에도 죽을 수는 없다는 것이다. 이러한 생각을 변경시키려고 하는 것은 온갖 생명체를 지배하는 법칙에 대항하는 것과 같은 것이라고 생각한다. 이것도 사람이 사후생(死後生)의 과학적인 증거를 받아들일 때 인정하는 중요한 철학적 암시의 하나이다.

인간은 모름지기 구상세계 저 너머에 걸쳐서 펼쳐져 있는 전생명대(前生命帶)에 까지 생각을 넓히지 않으면 안 된다. 인간이 육체를 쓰고 살고 있는 동안에 이룰 수 없는 일이란 뻔한 것이다. 그러나 사람이 죽음과 동시에 생기는 비교적 짧은 이별 뒤에, 또 다시 친지들과 다시 만나게 되는 기쁨은 피할 수 없는 숙명이라는 견해에 대한 보상 정도가 아님을 알아야 한다.

인간이 실제로 행하는 온갖 일에 대해서 동기를 준다, 이것도 죽음이 정해진 시간에 찾아온다는 사실에 의한 또 다른 철학적 암시에서 비롯되는 것이다.

연구나 직업생활에서 기쁨에 이르는 정서생활에 이르기까지 또 하나의 세계의 문제가 끼어들게 된다. 죽음이 최종역이 아니라면 죽기 전에 해온 일은 그만큼 이득이라는 계산이 성립된다. 인간이 지닌 도덕성, 여러 가지 생각이 갑자기 중대한 관심의 대상이 되는 것이다. 이들 위대한 진리가 자기 자신에게도 적용이 된다면, 스스로 다시 한 번 조사하기 위하여 심령세계를 탐구해 보아야겠다고 생각하게 되는 사람도 있으리라 생각된다.

심령문제를 연구하는 동안 그때까지 유물사상(唯物思想)에만 꽉 차 있던 머리가, '이승' 저 너머에 있는 인간의 내부에 '무엇인가' 있다는 것을 인정하는 일종의 막연한 종교성의 의식에 의하여 상당히 부드럽게 되어 마침내는 인간의 영혼이 지배요인이 되어 있는 이원론자(二元論者)로 전향하게 되리라고 생각된다.

이런 문제 모두는 옆에 제쳐 놓고 그것을 조사하는 것을 완전히 거부하여 죽은 뒤에 기다리고 있는 새로운 현실을 맞아서 놀라는 편이 차라리 좋다고 말할 사람도 있을지 모르겠다. 그렇게 함으로써 그 사람들은 유일한 유물론적 우주의 낡은 질서에 정말 온갖 대답이 갖추어 있는 것일까 하는 스스로의 의문을 표명한데 그치고 마는 것이다.

이 책에 쓰여진 종류의 증거를 조사하는 것을 거부함으로써 그들은 자기들이 오히려 발달된 두 생각들을 하고 있는 줄 알고 있지만 그들도 결국은 진실이 무엇인가를 배우게 되고야 마는 것이다.

그대가 저지른 행위는 그대만이 심판할 수가 있는 것이다. 범(犯)한 일은 당신만이 책임을 지게 된다. 일단 행위가 행해진 이상 그 무거운 짐은 다른 그 누구도 대신 짊어져 줄 수는 없다는 이야기이다.

분명히 사람이 죽은 뒤에도 생명은 영혼의 형태로서 계속 존재한다는 증거에 대해서는 부가적(附加的)인 연구가 행해지지 않으면 안 된다고 생각한다.

많은 분야의 학자들을 이 조사에 끌어들여 오지 않으면 안 된다. 비록 이미 증거가 실존한다고 해도 새로운 조사가 있어야 되는 게 마땅한 일이기 때문이다. 이것이 바로 과학적인 방법인 것이며, 사후생존(死後生存)의 실례는 이미 증명되어졌다고 하더라도 별도로 이 이상 같은 노력을 되풀이 할 필요가 없다고 주장하는 일부 심령연구가의 견해를 필자는 찬성하지 않는 터이다.

인간의 본질을 철저하게 밝히는 일에 비하면, 그다지 중요하지 않은 분야라 할지라도 많은 지식을 계속 구한다는 것은 항상 필요한 일인 것이다. 그러나 인간이 자기 자신 안에 불멸의 부분을 간직하고 있어서 육체가 죽은 뒤에도 실제로 가장 생기에 넘치는 삶이 그를 기다리고 있다는 사실을 되풀이하여 증명하는 자료를 수집하는 일은 인간에게 있어 다른 과학 분야에 비하여 얼마나 중요한 일인가 하는 게 필자의 생각인 것이다.

정령계에서 심사를 받는 영혼들

해방 직후의 상황을 아는 사람도 꽤나 적다. 2차대전이 끝난 지도 62년, 이미 '전후'는 아니라는 말을 들은 지도 50년이 지났다.

나는 전쟁을 체험했지만 날이 갈수록 당시의 기억이 엷어져 가는 것은 당연하겠다. 그러나 그런데도 잊지못할 광경이 있다. 제대하여 고국에 돌아왔을 때의 일이다.

잿더미가 된 도쿄에 화차로 잇따라 운반되어온 패전의 초라한 군상들은 일가친척의 소식을 물으며 찾아다녔지만 태반은 그런 소망도 헛된 노릇이라 길가에 쭈그리고 앉아 있었다.

영계의 입구에서 대기하고 있는 사람들의 모습 또한 패전 당시의 광경과 흡사하다. 한쪽은 살아서 돌아오고, 한쪽은 죽은 뒤에도 자기가 존재한다는 차이는 있지만, 어쨌든 멍하니 얼빠진 모습으로 있는 것은 매우 닮은 모습이다. 언제 영계의 문 안에 들어갈 수 있을지 모르지만 들어가기만을 기다린다.

이 상태는 불교 의식으로 말하면, 초이레부터 49일에 해당된다고 생각되지만, 그동안 사자(死者)의 영은 '이승'에서의 죽음과 모순되는 입장에 놓인다. 내 몸의 존재관(存在觀)을 충분히 인식하는 것이다.

98

이미 이 세상에는 돌아갈 수 없다—실제는 그렇지가 않지만—하는 것을 깊이 이해하고 저 세상에서의 생활에 대한 각오를 다지는 것이 이 '대기의 시간'에 행해야만 하는 것이다.

다시 패전 직후의 사람들의 모습을 상기해 보자.

사람들이 떼를 이루면 거기엔 조직이나 생활기반이 생긴다. 언제까지나 잿더미에 멍청해 하고 눈물을 흘리고 있다면 살아나갈 수가 없는 것이다. 살기 위해 필요한 식량이나 물을 손에 넣는 일로 뛰어다녀야 한다.

그런 방향 전환을 재빨리 한 사람은 암시장 상인으로써 재산을 모았었다. 한편 영계의 사람들에겐 암시장은 존재하지 않는다. 이 세상을 떠난 자는 육체를 먹이기 위한 식사 등이 필요가 없기 때문이다. 다만 재빨리 자기가 영이 된 것을 인식한 자는 영의 무리중에서 한결 돋보이는 존재가 되는 것만은 확실하다. 그리하여 이 점은 두고 두고 영계의 주민이 되었을 때의 생활형태에도 관계가 있게 된다. 말하자면 눈감을 때의 좋고 나쁨이 내세에도 영향을 주는 것이다.

마침내 영계의 문을 통과하는 차례가 되었다. 문이라고는 하지만 별것도 아니다. 궁전의 으리으리하고 화려한 문을 상상하면 곤란하다. 희미하게 드리워진 흰 안개, 굵은 백목(白木)이 두 개 서 있다고 생각하면 된다.

다만 그 백목은 대체 얼마만큼의 높이가 되는지 안으로 들어간다. 이곳이 정령계라고 불리는 곳이다. 그때 자기들보다 명백히 다른 기품을 몸에 지닌 영이 한 사람 한 사람을 불러 세운다. 그들은 이를테면 영계의 호적 담당자이다.

일련의 조사가 끝난 뒤 영들은 정령계 안을 향해 나아가지만 어디가 안인지 그리고 그 안에 무엇이 있는지 모른다. 무턱대고 가는 사이 어느덧 몇 명인가의 그룹이 되어 있음을 알게 된다. 멀리 앞을 보았더니 여기저기 비슷한 그룹이 있음을 알게 된다.

이런 그룹의 구성 멤버를 자세히 관찰하면 아무래도 모두 비슷한 자들이다. 성격이며 취미며 기호가 일치되는 사람들만 모여 있음을 알게 된다. 그리하여 그 중에서 중심적 활동을 하고 있는 영은 이미 이전부터 이곳에서 생활하고 있는 '안내인'이라 일컬어지는 자들이다. 그들이 그룹의 보조가 흐트러지지 않도록 이것저것 신출내기의 시중을 돌봐 주는 것이다.

그룹 단위의 영들은 이곳에 얼마동안 머무른다. 그 생활형태는 이 세상의 그것과 거의 다르지 않다.

어떤 자는 학문에 힘쓰고, 또 어떤 자는 취미의 세계로 나아간다. 영에도 성별(性別)은 있으므로 사랑을 나누는 자도 있다. 다만 이런 것은 모두 상념의 세계로서 비록 타인이 엿본다고 하여도 구체적 행동으로써 눈에 보이는 것은 아니다.

차일의 스크린에 비치는 전인생

영들의 생활 상태를 때때로 관찰하러 오는 자가 있다. 그룹 안에 들어와서 현세에서의 삶이나 사고방식, 그리고 또 영계에 와서 무엇을 생각하고 있나 하는 상황을 잡담식으로 묻는다.

영은 그들의 질문에 대답하지만, 그렇다고 해서 말을 나누는 것은 아니다. 상대편 의지를 마음으로 느끼고 마음으로 응답하는 것이다.

질문을 하는 영은 정령, 그러니까 영계에 새로이 온 자들과 마찬가지로 5체(五體)를 갖춘 인간의 모양을 하고 있지만 그들은 영계에서의 시험관 소임을 맡고 있는 자들이다.

그렇다면 대체 무엇을 시험 하겠다는 것인가?

새로운 영들이 얼마만큼 이 세상의 때를 몸에 갖고 있는가, 그리하여 또 그 때는 어느 만큼 더렵혀진 것인가, 때를 씻어내자면 어느 만큼 시간이 걸리는가를 측정하는 것이다.

우선 시험이 끝나면 다음에는 테스트가 기다리고 있다.

어느 때 영은 한 사람씩 불려나가 넓은 공간 속에 우두커니 앉혀진다. 위를 올려다보면 천구(天球)의 커브가 아닌가 싶은 곡면(曲面)의 지붕이 보인다. 아니 보인다고 하기보다 공간을 칸

막이 한 무언가의 존재가 느껴지는 것이다.

그런 공간을 응시하고 있으면 몸속으로부터 희미한 소리가 들리고 그것이 점차로 큰 소리로 높아져 간다. 최초의 소리는 어딘지 인간의 고통처럼 들리지만 그런 뒤 갖가지의 잡음이 섞인다.

그런 소리와 함께 공간을 칸막이 하고 있는 무엇인가 차일 같은 거라고 생각해도 좋지만, 거기에 영상이 떠오르는 것이다. 화면 가득이 펼쳐지는 살빛의 광경에 문득 빛이 드리워지고, 일순 화면이 흔들렸다 싶은데 휘황찬란한 빛 속에 던져진다. 이어 이 세상의 온갖 광경과 그 속에서 어린이로부터 어른으로 성장해 가는 인간의 모습이 비쳐지는 것이다.

자세히 보면 그 인간은 그것을 응시하고 있는 영의 현세 모습이다. 최초의 살빛 광경은 아마도 어머니의 태내 이미지이고, 휘황찬란한 빛은 태어났을 때 받는 이 세상의 빛일 것이다.

이런 차일에 비쳐지는 것은 한 인간의 탄생부터 죽음에 이르는 모습이다. 사람이 죽을 때 그 사람의 기억 모두가 주마등처럼 떠오른다고 하지만, 그것은 어디 까지나 본인의 주관에 바탕한 이미지이고 본인의 모습은 이미지 속에는 없는 것이다. 그런데 차일에 비쳐지고 있는 것은 본인의 모습이다. 본인에게 초점을 맞추면서 그 회상 전부를 객관적으로 그려내고 있는 것이다.

예를 들어 당신이 범죄를 저질렀다고 하자. 은행에 칼을 갖고 들어가서 카운터 안에 있던 돈뭉치를 움켜잡았다. 본인의 기억에 남아 있는 것은 아마도 돈뭉치를 움켜쥐려는 자기의 손이지 그때의 자기 표정, 태도 같은 것은 눈에 보이지도 않고 기억에도 남지 않는다.

그런데 영계에서 보는 이미지는 객관적 관점에서 영사되고 있으므로 당신 자신의 모습이 그대로 빠짐없이 재현되고 마는 것이다. 그러한 자기의 모습을 보았을 때 사람은 부끄러움, 절망감에 짓눌리고 말 것이다.

혹은 이와 반대의 일도 있다. 남모르게 쌓은 선행도 모두 차일의 스크린에 영사된다. 하지만 그 모습을 스스로 확인하고 이 만큼의 선행을 했으니까 영계에서도 후하게 대접되겠지 하며 기대를 가져서는 안 된다. 그렇게 생각했을 때 선행은 위선이 되는 것이다. 당신이 히죽 웃고 있는 모습을 영계의 사람들이 응시하고 있기 때문이다.

당신의 전생애가 비쳐진다는 것은 당신 자신의 모두가 백일하에 드러남과 함께 당신이 백지상태가 된다는 것이기도 하다.

모든 두려움이나 허식이 제거되어 한 인간이 원점으로 되돌아가는 것이다.

천국행과 지옥행의 차이는?

잠깐 복습의 의미로서 다시 말한다면,

① 현세: 육체가 살아있는 세계

② 유계: 죽어 육체를 이탈한 영혼이 있는 장소, 현세와 영계
　　　의 사이에 있는 세계.

③ 영계의 문: 영계의 입구

④ 정령계: 영계의 문을 들어선 곳. 가장 현세에 가까운 영계
　　　의 부분

라는 순서에 따라 이야기를 진행시켜 왔다.

그러면 정령계로부터 다음의 세계, 이를테면 본격적으로 영계
로 들어서자면 어떻게 하는가? 그것은 바로 엄격한 시험을 패스
해야 하는 것이다.

앞에서 말한 차일의 스크린에 전생애를 비쳐 줌으로써 인간을
백지의 상태로 되돌리는 일은 이를테면 테스트 전의 청결과 같은
것이라고 생각해도 좋다.

모든 일을 하늘이 알고 그 위에 자기도 알아버렸을 때, 인간은
어떻게 되는가. 통상적이라면 잘못을 뉘우치고 착한 존재가 되고
싶다며 바라는 법이다. 그러나 개중에는 아무리 해도 착한 존재

가 될 수 없는 인간도 있다. 태어나며 극악인(極惡人), 혹은 범죄자라는 게 이 세상에는 존재할 수 있기 때문이다.

이제부터 쓰는 것은 어떤 정신과 의사가 말한 것이다.

"어떤 류의 사람들 중에 자주 범죄를 범하는 인간이 있다. 그런데 현재의 의료 체제는 그와 같은 장해자를 구금하는 일이 어렵다. 어떠한 인간에도 '인권'이 있다고 하는 사고방식이 우위에 있기 때문이다. 확실히 그러한 사람들 중에는 인격을 인정할 인간이 다수 있는 것은 사실이지만, 그렇다고 해서 모든 인간을 멋대로 풀어놓는 것은 위험하다. 병적으로 범죄를 저지르는 사람들, 그러니까 최초부터 인간 사회에 적응할 수 없는 사람들이 엄연히 존재하기 때문이다."

사건의 재범을 막기 위해 보안처분을 인정하면 어떤가 하는 주장은 항상 '보안처분=인권침해'라는 여론에 지고말지만, 정신과의 현장 의사들이 실은 이런 보안 처분을 가장 바라고 있다고 한다. 아니면 정상인에게 위해를 가한다고 하는 것은 비극뿐 아니라 본인에게 몇 번인가 범죄를 반복시키고 마는 비극도 낳기 때문이다.

이 이야기는 인간계 레벨에서 행해지고 있는 일이지만, 영계에선 선한 사람과 태어나면서 악한 본성을 가진 인간을 엄격히 구별한다. 그리하여 선한 사람, 혹은 선하고자 하는 사람만이 영계의 안으로 들어가는 것이 허용된다. 그러면 악한 본성을 가진 자는 어디로 가는가? 바로 지옥계로 떨어지는 것이다.

일단 선과 악의 선별이 되고, 착한 자는 영계로 나아가는 권리를 얻지만, 그 모두 사람들이 평등하게 취급되는가 하면 대답은 '노우'이다.

예를 들어 인간에겐 욕심이라는 게 있다. 금전욕, 명예욕, 성욕, 식욕 등 갖가지의 욕망 형태가 있지만 이런 욕심을 갖는 일은 결코 나쁜 것은 아니다.

사람은 명예를 위해 일하는 일도 있고, 온갖 근검절약을 하면서 돈을 저축하고 그런 돈을 뜻있는 형태로 쓰는 사람도 있다. 성욕이 없다면 자손을 얻을 수 없다 하는 게 적어도 생물계의 법이고 식욕이 없다면 비쩍 말라 죽어버린다. 그러니까 생명은 욕심에 의해 유지되고 있는 것이다. 그러나 이것은 어디까지나 살아 있는 세계, 현실계에만 통용되는 것으로 사자의 세계=영의 세계인 영계에는 통용되지 않는다.

그런데 죽어도 아직 이런 욕심을 계속 갖고 있는 경우가 있다. 이미 현실계와는 작별했는데도 완고하게 그것을 부정하고 영계에서의 사건은 악몽이라 생각하는 사람들이 그들이다.

악몽이라면 오해를 받을 것 같아 말해 두지만 이는 어디까지나 현실계를 고집하는 인간의 심정을 말하고 있는 것이다. 만일 현실계를 떠난 것을 인식하면 악몽은 꿈이 아닌 것이 되고, 훌륭한 사실로써 받아들일 수가 있다.

정령계에서의 시험에 관해 이야기를 되돌리지만, 이 정령계라는 곳은 일면 현실계의 형태를 유지하고 있다. 만일 술을 마시고 싶다면 그곳에는 오랜 동안 통 속에서 빚어진 명주(名酒)가 쭉 늘어서 있다.

미녀와 희롱하고 싶다면 현실계에 있는 가장 아름다운 여성과도 다름없는 미녀들이 당신을 기다리고 있다. 다만 앞에서도 말했던 것처럼 이것들은 모든 상념의 세계이므로 실제로 술을 마시고 미녀의 어깨를 끌어안는 것은 아니다.

그리하여 또한 상념을 품을 수 있는 사람들에 국한되고 있다. 그 결과 이 사람들은 정령계를 빠져나올 수가 없는 것이다.

영계의 주민이 될 수 있는 자격

천계의 스크린 이야기로 되돌아 가자. 거기에 비치는 자기의 모습을 보면서 어떤 사람은 부끄러운 나머지 얼굴을 가리고, 또 어떤 사람은 현세에서의 스스로의 생활을 자랑하는 기분이 될지도 모른다. 그러면 이 양자의 사이에 어떠한 차이가 있는 것일까?

천계의 주민, 곧 영인들은 아마도 스스로의 행위를 부끄러워하는 자를 높이 평가하고, 스스로의 행위를 자랑스럽게 생각하는 자에 대해서는 기분 좋게 생각하지 않을 것이다. 왜냐하면 어떠한 인간도 이 세상에서 부끄러운 짓을 하지 않을 리가 없기 때문이다.

그리스도는 '먼저 죄 없는 자부터 돈을 던져라'고 했다. 죄를 범한 자에 대해 많은 사람들이 돌팔매질을 하려 했을 때의 말이다.

이 한마디로 누구도 돌을 던질 수 없게 되었다고 하지만, 이것은 모든 사람들이 이 세상에서 오욕으로 더럽혀지고 부끄러운 행위를 하고 있다는 하나의 증명이 되겠다. 그런 일은 없다.

나는 절대로 부끄러운 게 없다고 주장할 사람도 있을지 모르지만, 그런 사람은 곰곰이 생각해 주기 바란다.

이 세상은 쉴 새 없이 모순되고 상반되는 존재로 성립되고 있다. 예를 들면 자석은 상반되는 가장 두드러진 것이고 인간으로 말하면 남자와 여자가 양극의 존재이다. 현상면으로 말하면, 경쟁 원리는 승자와 패자를 낳는다.

과거의 모든 전쟁은 어느 것이나 정의를 내걸면서 벌어진 인간끼리의 도살이다. 이러한 모순 속에서 살아나가려면 남을 밀어제치고 혹은 법망을 빠져나가고, 또한 거짓말을 하며 스스로의 정당성을 주장해야만 하는 것이다.

누가 스스로 죄 없는 인간이라고 끝까지 주장할 수 있는가? 그렇다면 스스로의 인생을 자랑하는 것 자체가 자기의 과거를 알려고 하지 않는 어리석은 인간의 행위라고 하겠다.

한편, 스스로 부끄러워하는 자는 눈앞에 전개되는 자기의 모습을 보고 자살하고 싶을 만큼 고민할 것이다. 스크린에 비치는 영상은 객관적인 만큼 적나라하고 잔혹한 것이다.

연애라는 말을 위장으로 하여 유부녀와 불륜을 거듭한 모습이 비쳐지는가 하면 남의 출세를 새암 하는 추한 표정도 비친다. 심한 자기 혐오에 사로잡히는 것도 당연하다. 요는 깊이 조용한 반성을 하면 되는 것이다. 그러면 천계에서 새로운 길이 열린다.

어느 고승이 말하기를 '선인도 왕생극락을 한다. 하물며 악인에 있어서랴' 하라고 말했다. 선인이 죽어 천국이나 극락에 갈 수 있다면 악인도 같다는 의미이다.

이 선과 악을 잘 생각하면 스스로의 악을 부끄러워하는 인간 쪽이 자기를 선인이라 믿고 있는 자보다도 후하게 대접받는다고 말하는 것인지도 모른다.

현세의 모든 욕망과의 투쟁

세상에는 '잘못했다고 끝낸다면 경찰은 필요 없다'는 말이 있다.

내가 지금 말한 것처럼 스스로의 행동을 부끄러워하는 자가 영계에서 후하게 대접받는다고 하여, 그러면 죽음의 길로 떠난 뒤에는 무엇이든 반성만 하면 되느냐 하면 그런 것도 아니다.

이 또한 천계에선 모든 것을 환히 꿰뚫어 보고 면정복배, 겉과 속이 다른 것쯤 영인으로선 손바닥을 들여다보듯이 아는 것이다.

거꾸로 말하면 본심, 자기의 나쁜 부분을 반성하지 않는다면 영인들은 그런 자를 용서하지 않는다. 용서하지 않는다는 것은 어떤 것인가. 정령계로부터 앞으로 나아가지 못하게 하고 그곳에 머물러 있게 하는 것이다.

정령계의 상황에 관해서는 이미 말했지만 여기저기에 그 사람에 맞는 부락이 있고, 부락끼리의 연락은 없다. 말하자면 닫혀진 세계인데, 그곳에 장기간 방치되면 기묘하게 된다.

진심으로 반성한 자는 부락에서 빠져나가고 새로운 사람=영혼이 참가한다. 빠져 나가는 사람, 남는 사람. 이런 반복이지만 남는 사람은 병 밑바닥의 침전물과 같은 상태가 되는 것이다. 침전물 속에서 주위를 둘러보면 어느 영이고 오만하여 부끄러움을 모르는 놈들뿐, 어째서 이런 녀석들과 함께 있어야만 하느냐고 울고 싶은 심정이 되겠지요. 그러나 이것은 잘못된 생각이라는 것. 다른 침전물로 부터라면 똑같은 찌꺼기라는 셈이다.

그렇다면 어떻게 하면 이곳을 빠져나갈 수 있는가. 새삼 말로서 설명할 필요도 없다 생각하지만 굳이 말하자면 스스로의 오만과 교만을 부끄러워해야 한다.

깊이 조용히 반성한다는 것은 이것을 말하는 것인데, 그 결과 당신은 다음 세계의 첫발을 내 디딜 수가 있는 것이다. 그런데 이 반성하는 과정은 이미 말한 것처럼 백지가 된다고 말한다. 인간계에서 몸에 익힌 티끌을 떨어버리고 그 사람 본래의 모습으로 돌아간다.

어쨌든 영계로 나아가는 자와 소수의 지옥행이 엄격하게 가려지지만, 영계로 나아가는 그룹에 들었다 해서 기뻐 날뛸 수만은 없다.

최초의 영계로부터 다음의 영계에로 나아가는 단계 언저리에 제 2의 시험이 기다리고 있다. 더욱이 이는 극히 가혹한 것이다. 인간이 이 세상에서 누릴 수 있는 온갖 쾌락의 세계가 전개되는 것이다.

쾌락은 식욕, 성욕을 중심으로 하는 것으로 눈앞에는 '맥심'이나 뚜르드다르장의 주방장도 질려버릴 현란하고도 호화로운 요리가 차례로 나온다.

술도 이 또한 세계의 초일류 명주가 꼬리를 문다. '로마네·꽁띠'도 있거니와 오키나와의 옛 술도 있고 '그랭피데크사'가 특별히 마련한 위스키도 고색창연한 병째 등장한다. 세계에서 본적도 없는 진기한 과일이 산처럼 쌓이고, 주위 일대에 향긋한 향기가 넘쳐 있다.

한편, 식탁 둘레에는 눈도 부신 미녀들이 육체의 윤곽도 뚜렷한 얇은 의상을 걸치고 요염한 미소를 띠고서 옆에 있는 것이다. 그야말로 '주지육림'의 극치라 해도 좋고, 고대 중국의 제왕이라도 이러한 호화로움을 맛본 적이 없는 세계가 나타나는 것이다.

이런 쾌락의 세계에 한번 빠졌다고 하자. 영혼은 그 식욕을 채우고자 닥치는 대로 허겁지겁 먹지만, 가공할 일로서 아무리 먹어도 배가 불러도 식욕이 없어지는 일이 없다. 아니 그 뿐인가, 먹으면 먹을수록 식욕이 한층 증진될 뿐이다.

한편 미녀들과 애욕의 세계에 빠진 자도 비슷한 상태가 된다. 갖은 미약(媚藥)을 복용하고 마약 주사를 맞은 듯한 상태가 되어 성의 노예가 되고 말지만, 더욱이 그 욕망은 그칠 줄을 모르는 것이다.

쾌락도 지나치면 고통으로 바뀌지만 영계의 그것은 지나치다는 레벨을 훨씬 넘고 있기 때문에 고통의 정도 역시 상상을 초월하는 것이다. 이만큼의 세계를 한번은 경험해 보고 싶다 생각하는 사람도 적지 않을 것이다. 나 자신 자칫하면 자기의 극기심(克己心)을 어디까지 견딜 수 있을지 자신이 없다.

그렇지만 만일 한걸음 쾌락 속에 발을 들여 놓고 말았을 때에는 이미 식(食)과 성의 '아귀도'에 빠질 수밖에 없는 것이다.

이런 위기를 벗어나자면 어떻게 하는가?

스스로가 죽음이라는 존재임을 절대로 잊지 않는 것 밖에 방법이 없다. 죽은 자이기에 먹어도, 섹스를 해도 채워지지 않는다는 것을 똑똑히 인식하는 일이 깊은 수렁에서 스스로를 구하게 되는 것이다.

영계의 부락을 방문하다

영계로부터 새로운 영계로 나아가기 위해서는 온갖 쾌락의 유혹을 끊어버려야 한다고 하면 깜짝 놀라고서 더 한층 이 세상에 집착하는 사람도 있겠다.

아무런 즐거움도 없는 세계에 가고 싶지 않다고 생각할지도 모른다. 하지만 그렇게 생각하는 사람은 아직도 현세와 저 세상과의 차이를 이해하고 있지 못하기 때문이다.

현세와 저 세상은 삶과 죽음만으로 나눌 뿐이라면, 양자의 틀림은 모를 것이다. 그러나 죽음이란 현세의 가치관을 모두 바꾸고 마는 것임을 인식하면 양자의 다름은 명백해진다. 쾌락에 대한 현세의 욕망을 예로 들면, 영계를 나아감에 따라 급속히 욕망을 잃게 된다.

그것은 노인이 성욕을 상실해 가는 것과 전혀 틀리는 형태인 것이다. 노인의 경우는 육체적 기능이 약화되기 때문에 성욕도 동시에 시드는 것처럼 보이지만 내면적, 정신적으로는 성욕은 남아있는 것이다. 그 점은 고금의 소설 등에서 알 수 있다.

그런데 영계에선 육체적으로는 물론이고 정신적으로도 욕망 그 자체가 없어져 버리는 것이다. 그러니까 성욕이란 대체 무엇인가 하는 것조차 잊어버리는 것이다. 아니 잊는다고 하면 어패가 있을지도 모른다. 현세의 욕망 따위는 티끌과 같다고 생각될 만큼의 절대적 지복(至福), 만족감을 영계에서 얻을 수가 있는 것이다. 그런 지복된 생각, 만족감을 무엇에 비유하면 좋으냐 하면 이 또한 문제가 있다.

영계에서 느끼는 일은 현세에서 표현할 말이 없기 때문이다. 부득이 그것에 가까운 말을 사용하면, 오로지 넓고 크고 깊고 흡족한 생각이라고 하겠다.

그럼 앞에서 말한 시험을 패스한 영혼은 다음의 단계로 나아가지만, 여기서 영계의 구조를 간단히 말하겠다.

영계는 크게 3계층으로 나눠져 있다. 현세의 것으로 비유해서 말한다면 호화 여객선 혹은 점보제트기의 객실 분류를 상기해 주기 바란다.

국제선의 여객기는 에코노믹 클라스, 익젝티브 클라스, 퍼스트 클라스의 3단계로 나눠져 있고, 호화 여객선도 3등·2등·1등으로 객실의 랭크 구별이 되어 있다.

이런 랭크는 주로 지불되는 운임의 액수에 의해 정해지고 있지만 영계의 경우는 물론 금액의 문제가 아니고, 거기에 사는 영인들의 품격에 의해 정해지는 것이다.

제1의 집단 — 항공기에서 말하는 에코노믹 클라스에는 정신적으로 미숙한 자가 모여 있다.

제2의 집단 — 익젝티브 클라스에는 정신적으로 꽤나 높은 레벨. 공자의 말을 빌린다면 '불혹'의 영역에 도달한 사람들이며, 영인으로써 충분한 능력을 갖는다.

　제3의 집단—극히 높은 품격을 가졌고, 영인으로써 거의 완벽한 능력을 가진 사람들이 모이는 장소이다.

　이들 3개의 계층은 집단 전체로서 각각 독특한 영적 광선을 발하므로 서로의 존재를 인식할 수가 있다. 그러면 각 층의 영인들 교류는 어떻게 행해지는가? 보다 뛰어난 자가 하위의 집단에 드나드는 일은 자유이지만, 하위의 자가 상위의 집단에 들어가는 일은 허락되지 않는다. 그렇다고는 하나 서로 반발하고 있는 것은 아니며, 친화력과 풍부한 애정의 유대에 의해 연결되고 있는 것이다. 그러니까 현세로부터 길을 떠나고 정령계의 시험을 무사히 통과한 영혼은 우선 제1의 계층[에코노믹 클라스]에 편입되고, 거기서 선배인 영인들과의 집단생활을 한다.

　신참자로서 보는 것, 듣는 것, 모두가 처음인 체험이지만, 동료들의 애정에 넘친 지도를 받아 영인으로써 필요한 수행을 하는 것이다.

눈도 부신 영계의 광경

현세에 있는 우리들은 언젠가 가야 할 저승의 광경을 갖가지로 상상하고 기쁨의 상념에 잠기든가 또는 공포로 떨든가 한다.

불교화에서 보는 채색도 선명한 극락정토와 지옥의 그림, 단테의 「신곡」에서 묘사된 세계, 어느 것이나 살아있는 자의 지혜가 그려낸 상상의 산물이다.

그렇다면 정말로 저승세계는 대체 어떤 곳일까? 유감이지만 나는 직접 확인한 적은 없다. 그렇지만 나 이외의 유체이탈 경험자들의 체험담을 종합하면, 저승세계의 광경을 어느 정도 그려낼 수가 있다. 우선 영계의 풍경에 관해 말하겠다.

그 세계는 우리들이 평소에 사용하고 있는 진부한 표현으로선 도저히 나타낼 수 있는 것은 아니지만, 굳이 말하자면 미(美)를 초월한 장엄성이 지배하는 곳이라고 해도 좋다.

영계 전체에 눈부신 듯 하면서도 자극적이 아닌, 투명하면서도 따뜻함을 간직한 빛이 넘치고 있다. 이것은 앞에서 말한 3개의 집단으로부터 발하는 광채인 것이다.

사방을 바라보면 들판 저 편에 흰 눈을 이은 산봉우리들이 보인다. 그렇다고 물론 현실로 그곳에 산이 있는 것은 아니다.

사람들이 들어갈 수 없는 듯한 아스라이 솟아 있는 산 모양을 영계가 그곳만으로서 독립하고 성립되고 있는 상징이다. 하늘을 우러르면 무한의 깊이를 갖고 있듯이 생각되지만, 동시에 숭고한 빛의 우산을 쓴 듯이 느껴지기도 한다.

이 빛의 우산은 다름 아닌 영계 위에 존재하는 천계, 신의 세계로부터 뿜어지는 것이다. 신은 종교의 다름에 의해 갖가지의 호칭이 주어지고 있지만, 영계 위에 계신 신은 그런 모든 것을 포함하는 절대 신이다. 이 신 위에 신은 존재하지 않고, 우주 유일의 지배자는 영계 전체를 구석구석까지 비추어 주고 있는 것이다. 즉 우주의 법칙, 우주의 질서인 것이다.

영계를 잠시 걸어 보자.

대지는 푸릇푸릇한 목초(牧草)로 덮혀 있는 것 같기도 하고, 또 적갈색의 암석대인 것처럼 생각된다. 군데군데 시내가 흐르고 있다. 그 물은 푸르고 투명한 것 같기도 하고 검붉기도 하다. 훨씬 저 편에는 마을도 있다.

바람이 살랑 살랑 분다. 볼을 부드럽게 스치기도 하고 무겁고 끈끈한 느낌도 든다. 왜 이렇듯 표현이 애매한가? 이것은 보는 사람의 마음 상태를 닮기 때문이다.

유체이탈을 하여 영계를 방문한 사람들은 각각 영계에 대한 개인적인 감회를 느꼈을 것이며, 그 생각에 따라 풍경이 크게 바뀌는 것이다.

보다 좋은 영인에의 길

영계에 사는 영인의 수는 대체 얼마만큼이나 될까? 대략적으로 계산해 보자.

(1) 과거부터 현재에 이르는 인류의 총수. 인류라고 불리는 종(種)이 탄생한 것은 5백만 년 전이라고도, 좀 더 옛날이라고도 한다.

(2) 현재 서식하고 있는 인류의 총수.

(3) 부유령(浮游靈)이 되어 현세와 영계의 사이를 헤매고 있는 영이나 지박령(地縛靈).

(4) 지옥계에 떨어진 영의 수.

이상의 수를 알면 (1)로부터 (2)를 뺄셈함으로써 영계에 사는 대강의 영인 수를 알게 된다. 하기야 그런대로 추계(推計)할 수 있는 것은 (1)의 숫자와 (2)의 숫자뿐이므로 결국 이 같은 계산은 무의미하다는 것이 된다. 다만 나의 상상으로선 100억 이상의 영인이 살고 있는 것만은 틀림이 없다.

현재 세계의 인구는 40억이라고 일컬어지느니만큼 그것의 25배 이상이다. 그 만큼의 수가 영계에서 살 수 있느냐고 의문으로 생각하는 사람도 있을 테지만 그것은 쓸데없는 걱정이다. 왜냐하면 먼저 영인의 몸은 신축자재라고 하기보다 물리적으로 장소를 차지하는 일이 없기 때문이다. 다만 중량으로서는 1인 35그램부터 60그램[육체를 이탈한 유체의 무게]은 그대로 존재하고 있을 터이다.

또 영계의 넓이는 광대무변이라 해도 좋다. 그 거주 공간은 지구 표면보다도 훨씬 넓으므로 100억은 커녕 1천억, 2천억도 충분히 살 수 있는 셈이다. 그럼 '식량은?' '물은?' 하는 소박한 의문도 생길지 모르지만, 영인은 먹지도 않거니와 마시지도 않으므로 머리를 썩힐 필요는 없다.

그렇다고 하면 얼마간 설명 부족일지도 모르므로 보족(補足)해 두지만 먹는다, 마신다 하는 것의 유사행위를 않는 것도 아니다. 그럴 생각만 있다면 산해진미나 술을 모을 수도 있고, 그것을 먹는 것도 가능하지만 그것도 이를테면 상념의 세계이다. 그러니까 먹고 싶다고 생각하면 눈앞의 원하는 것의 이미지가 구상화 된다는 것이다.

이런 영인들의 일상생활은 어떠한 것일까? 영인들은 말을 하지 않는다. 이 또한 필요하다면 음성을 발할 수도 있지만 그럴 필요성은 도무지 없다.

그들은 서로 빤히 봄으로써 상호간의 의사를 소통할 수 있기 때문이다. 현세에서 말하는 '눈은 입만큼이나 말을 한다'고 하는 말이 떠오르지만 그것과 비슷하면서 다르다고 할까. 눈을 통해 상대의 상념을 빨아들이고 눈에 의해 자아(自我)를 내뱉는다고 할, 어떤 류의 호흡 작용이 행해지는 것이다.

그런데 현세에선 때때로 '신의 소리를 들었다'라는 자가 나타난다. 음성에 의해 신의 계시를 받는다는 셈인데, 만일 들렸다 하여도 그것은 계시를 받은 본인 뿐이고 주위의 사람도 동시에 들었다는 이야기는 듣지 못했다.

신과 영인은 다르지만 그 관계는 영인과 인간과의 관계보다도 훨씬 가깝고 더욱이 신은 영인보다도 훨씬 숭고한 존재이므로 음성을 발하지 않아도 그 의지를 사람에게 전하는 일은 극히 간단한 일이다. 영인은 사실의 본성을 관찰할 때는 영상을 사용한다. 이 또한 현대어로 말하면 '백번 듣는 것은 한번 보는 것만 못하다'는 것이 되지만, 이미지는 사실을 인식하기 위해 가장 알맞은 수단이라고 해도 좋다.

최근 컴퓨터 그래픽스가 다방면에서 이용되고 있음도 그 때문이다. 다만 영상이라 해도 단순히 표면만 포착하는 것이라면 별 가치는 없다.

영상의 속에 무엇이 있는가, 속에 있는 것을 영상화 함으로써 비로소 사물의 본질이 이해되는 것이다. 영인은 그 점을 충분히 인식하고 있으며, 깊은 통찰력과 구성력으로서 실체를 꿰뚫고 본다.

예를 들어 인간계로부터 정령계에 들어와 얼마되지 않은 영이 영인에 대해 입에 발린 칭찬을 했다고 하자. 영인은 그 말을 금방 영상화 시켜 보일 수가 있음과 동시에 그 영의 거짓말도 영상으로써 나타내 보일 수가 있는 것이다.

모든 것을 눈으로 보여줄 때 갓 영계에 들어온 영은 자기의 어리석음을 쉽게 깨닫게 되는 것이다.

차별이 존재하는 영계

'송사리는 흔히 무리를 짓기 좋아한다'고 한다. 인간이 외톨박이로 있다면 쓸쓸한 것으로서 흔히 동아리를 모으든가 사람을 만나러 가든가 하지만, 영인들은 어떠한 대인관계를 갖고 있는 것일까?

영계는 3계층이 있고, 또 3계층에는 몇 개의 집단이 있음을 이미 말했지만, 이런 집단은 무질서하게 이루어져 있는 게 아니고 일정한 룰을 쫓아 성립되고 있는 것이다.

인간은 비슷한 자끼리 친해지는 일이 많다. 때로는 근친간에 증오감을 서로 품기도 하지만 공통의 취미, 공통의 사상이 사람과 사람의 연결 부분이 되는 것이다.

이 점은 영인의 사이에도 마찬가지로서 저마다의 부락 주민들은 아주 비슷한 성격을 서로간에 갖고 있다. 너무나도 비슷한 자끼리 모여 있기 때문에 자칫하면 누가 자기인지 모르게 될 정도이다. 이 점은 집단속에서의 조화와도 크게 관계가 있다. 전원이 비슷한 자끼리라 하기보다 거의 상사형(相似形)의 영인들 뿐이므로 서로 다툼을 일으키는 일도 없다. 따라서 이 세상과는 동떨어진 평화와 조화와 질서가 지배하는 세계가 되는 것이다.

여기에 사는 영인들의 모습은 보는 자를 감동으로 이끌 것이다. 그들은 참으로 절대적인 행복을 실천하고 있기 때문이다. 물론 유난스럽게 떠들고 축제 소동을 벌이거나 또 웃음소리나 교성이 울려 퍼지는 셈은 아니지만 화목한 기분이 마음의 속까지 스미는 듯한 희한한 광경인 것이다.

현세에선 극히 보통으로 볼 수 있는 부자연스러움이나 꼴불견, 혹은 위선이나 악의가 전혀 존재하지 않는 세계, 그것이 영계이다. 아니, 전혀 존재하지 않는 세계라 함은 옳은 표현이 아니다. 현세에서 악이라고 여겨지는 것 몇 가지는 영계에도 존재하고 있으니까.

그 하나가 차별이다. 앞에서 말한 3계층의 집단 사이에는 확연한 차이가 있다. '인간은 태어나면서 평등해야 한다'는 인류에게 있어 가장 중요한 이상이 영계에선 뒤엎어지는 것이다.

이런 우스운 일이 있어 되겠느냐고 고개를 갸우뚱할 사람도 있을 테지만, 이 차별은 단지 진화의 정도가 틀린다는 의미이다.

현세의 차별은 이유 없는 차별인데 비해 영계의 그것은 영인 저마다의 진화에 의해 해소되는 것이다. 현세의 샐러리맨 생활을 생각해 주기 바란다. 진화라는 말을, 본인의 노력으로 바꾸어 보라. 열심히 노력하고 업적을 올렸는데도 불구하고 정당한 평가를 받지 못하고 출세 경쟁에서도 다른 사원에 뒤진다는 일이 있다. 이와 같은 일이 영계에서도 일어날 수 있는 게 아닌가? 그러나 그것은 있을 수 없다. 영인의 진화 정도에 대한 판단은 종국적으로 절대적 존재, 즉 신에게 맡겨져 있기 때문이다.

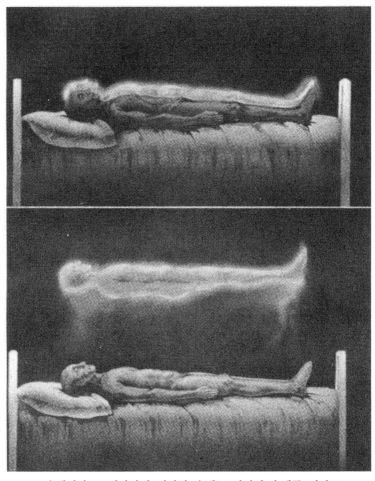

– 유체이탈 – 이탈하기 시작한 유체는 서서히 육체를 떠나고,
얼마 후 영혼과의 관계를 끊으면서 유계로 들어간다

제 3 부
내가 본 저승세계

죽는 순간과 유체이탈

이제까지 영계의 존재를 실증하기 위해 고금동서의 과학·의학·종교, 그리고 각양각색인 세계적 권위자들의 발언, 심령과학적인 체험, 근사사(近似死) 체험자의 증언을 기술해 왔으므로 어느 정도는 독자들의 이해에 도움이 됐으리라 생각한다.

우리들은 '이승'에 살고 있는 것이므로, 현세의 입구는 이미 존재하고 있는 '전생(前生)'이라는 영계 존재의 계시로부터 시작된다. 그리고 '이승'의 출구는 근사사의 체험자에 의해 확인되었는데, 이제까지를 집약적으로 말하면 입구에서 출구까지의 믿을 수 있는 상황을 실증적으로 설명한 것이다.

또한 '죽음'과 '사후의 세계'를 기술하려고 하는데, 출구와 입구를 연결하는 것은 물론 영계이고, 계속적으로 연구중이므로 새로운 지식에 따라 내용의 정확도가 더욱 심화되기 마련이다.

다음은 물론 나의 경험은 아니지만, 스웨덴보그의 저서를 비롯하여 이제까지 읽은 수천 권의 서적과 영능자들의 증언, 대화에서 계시받고 나 스스로가 납득하던 그 세계의 모습이다. 독자들은 철저하게 정리된 내용임을 이해할 것으로 믿는다.

죽는 순간과 유체이탈

삶에서 죽음으로 넘어가는 결정적 순간은 감지되기 어렵다. 예를 들면, 깨어있는 상태에서 수면에 들어가는 순간은 보통 지각되지 않고 언제 꿈속에 들어갔는지가 확실치 않다. 이를 느꼈을 때는 이미 꿈속에 몸이 맡겨져 있는 것과 같다. 그리고 죽음에 대한 각오가 끝난 뒤, 구름처럼 넓고 큰 안도감이 퍼지는 반면에 의식은 서서히 엷어진다.

또한 여러 가지 삶에 대한 잔영이 급속도로 후퇴되면서 소실되어 간다. 그리고 완전히 무(無)의 상태가 조용히 계속된다. 그런데, 어딘가 분간할 수 없는 곳에서 자기를 부르는 사람이 있다는 것을 까마득하게 느낀다. 그것이 어데서 부르고 있는지 왜 부르는지 그 내용을 확실히 몰라 초조해진다. 이것은 마음의 가장 깊은 곳이 어떤 방향으로 이끌려 가는 듯한 느낌과 같다.

인간의 죽음이란 육체에 의식이 그 이상 머무르지 못하기 때문에 생기는 의식의 이탈, 즉 유체이탈인 것이다. 그 중에는 편안히 떠나는 사람, 괴롭게 떨어지는 사람 등 여러 가지가 있다. 그리고 사후의 진행 과정에서 '이승'에서의 죽음을 자각하는 사람과 못하는 사람이 있다.

사실상 이 자각의 유무가 그 후의 진로를 결정함에 있어서 대단히 중요한 역할을 하게 된다. 즉, 자각을 하면 영혼의 진화가 빨라지고 수호령이 인도하기 쉽게 되는 것이다.

그런데 사고사는 전사(戰死)처럼 죽음에 대한 준비가 미완성인 경우는 자기 죽음에 대한 자각이 없으며, 또 자각할 때까지 시간이 걸리거나 어느 때는 수호령의 설득에도 불응하는 것이다.

죽음에 대한 자각은 중요한 것으로 「티벳 사자(死者)의 서」는 자각을 독촉하는 책이기도 하다.

이것을 자각하지 못하는 한 그 사람은 '이승'과 '저승'의 경계선 위의 방황 상태에서 탈출하지 못하며, 때로는 인간계 사람의 눈에 거슬리는 지박령이나 부유령 등 유령이 되고 만다.

경이로운 급상승과 발광체

이제 당신의 호흡은 멎었다. 의식은 어둠의 밑바닥에 처지고 문자 그대로 아무것도 없다. 이대로라면 죽음으로서 모든 것이 끝이다.

그런데 당신은 눈뜨기 시작하고 있다. 당신은 아주 먼 곳에서 저쪽에서 누군가가 당신을 부르고 있는 것을 느끼기 시작하고 있다. 얼마 후 확실히 눈을 뜬다. 부스스… 눈을 비비면서 주위를 살펴볼 것이다. 그리고 일어선다.

마치 번데기가 누에고치에서 빠져나오듯이 당신은 시체에서 빠져 나온다. 그 다음에 당신의 주위가 자기 어깨 정도로 좁아지면서 약간 밝은 연통 모양으로 변하고, 급속도로 당신을 위쪽으로 끌어 올린다.

차차 속도가 빨라지고 결국은 눈을 감게 할 정도의 속도로 당신을 2000~3000미터까지 상승시킨다. 그 중에는 옆으로 누워 있는 상태를 느끼는 사람도 있다.

이때 당신은 공포와 불안이 뒤범벅이 되어 소리치겠지만, 그것도 주위에서 울려오는 큰 음향때문에 희미해진다. 큰 힘으로 끌어올려지는 동안 불쾌한 소리때문에 귀가 멍해진다. 이것을 미국 사람들은 허리케인과 비슷하다고 표현하고 있다.

다음에는 돌연 밝은 곳에 내던져진다. 어찌된 영문인지 이제 당신은 당신 육체의 3~4미터 위 상공에 45도의 경사로 떠있다. 그런 다음에는 무엇이 무엇인지 알 수 없게 된다.

아래의 육체가 자기 자신인지, 떠있는 것이 자기인지, 전혀 알 수가 없어 당황하게 된다. 얼마 후 공중에 떠다니다 보면, 자기 의사에 따라 움직이는 공중의 자기가 진짜인 것처럼 착각하게 된다.

아래를 내려다보면, 자기 육체를 둘러싸고 친형제들, 친척들, 친구 등이 슬피 울고 있다. 특히 불가사의한 것은 당신은 그들 각자의 마음속을 손바닥 보듯이 알 수 있다는 점이다. 점차 당신은 현재 상태 즉, 공중에 떠있는 죽었는데도 죽지 않은 자기 자신에 대해 질려버린다.

당신은 바로 밑에 있는 사람들 목소리 뿐만 아니라 다른 방에서 장례 절차를 상의하고 있는 조그만 소리까지 듣고 있다. 더욱 놀라운 것은 말없이 앉아 있는 사람들의 생각까지도 정확히 알 수 있는 것이다. 그러나 '내가 여기에 있다'고 소리쳐도 그들에게 그 소리가 도달되지 않고 모습도 없다.

그때 어떻게 표현할 수 없는 아름다운 발광체가 출현한다. 근사사 체험자가 경탄과 흥분으로 눈을 빛내면서도 약간 수치심을 갖고 강조하는 것이 이 발광체인 것이다.

지구상의 모든 나라와 민족을 막론하고 이 발광체를 본 사람들이 이구동성으로 말하는 것은 '이제껏 밑바닥에 깔려있던 불안감, 공포감이 흔적도 없이 사라지고 몸에 녹아드는 안도감과 행복감이 가득차서 한발작도 떠나고 싶지 않은 기분'이었다는 것이다.

어쨌든 당신은 이제껏 경험하지 못했던 황홀한 심정을 갖고 2~3미터 밑의 자기 육체를 둘러싸고 있는 친척들과 친구들의 존재를 곧 망각하게 된다. 말하자면, 당신은 죽었을 때 가급적 빨리 이 상태가 되어야 하는 것이다. 가족이나 친구, 애인도 모두 잊어버리고 눈을 하늘 쪽으로 돌려야 된다.

마중과 유계의 출발

발광체가 전면에 퍼지자 당신은 황홀해진다. 당신의 귀에 까마득히 무엇인가가 들려온다. 누군가가 당신의 이름을 부드럽게 부르고 있다.

당신을 충만하면서도 부드럽게 감싸고 있는 발광체는 더욱 더 빛이 찬란하다. 이제 당신은 광대한 사랑 속에 파묻혀 있다고 확신하기 시작한다. 그때 방울소리 같이 호감을 느끼게 하는 멜로디로 당신을 부른다. 번쩍 번쩍 빛나고 발광체의 안쪽에서 조용히 당신을 관망하면서 누군가가 가까이 다가오고 있다.

혼자일 경우가 대부분인데 어떤 때는 두 사람이다. 당신은 빨려들어 가듯이 그 사람 앞에 선다. 서로 마주 본다. 말은 필요가 없다.

이때 마중 나온 사람은 아는 사람, 친구, 친척인 경우도 있으나 모르는 경우가 압도적으로 많다. 당신은 상대편과 대화를 나누게 되지만 어떤 질문인지를 바로 알 수 있다. 동시에 상대편도 당신의 답변을 즉시 알 수 있다.

이것은 인간이었을 때 갖고 있던 잠재의식이 표면에 떠오르기 때문에 말은 한마디도 필요가 없다. 서로가 느낀 상념(想念)은 100% 교환된다. 상대편, 즉 마중 나온 사람들은 당신에 대하여 모든 것을 잘 알고 있다. 취미·성격·성벽 등을 철저히 검토하고, 자기들 있는 곳으로 안내할 것인가를 결정하려고 하는 것이다. 당신이 그들과 동류자가 아니라고 판단되면 그들은 즉시 계속 다른 사람이 마중 나왔다가 다시 사라진다.

얼마 후 당신과 동류의 안내인을 만나게 되면, 당신은 그들과 같이 정령계(精靈界)로 직행한다. 그 사이, 즉 죽은 뒤부터 정령계로 출발하는 기간은 대개 50일이 소요된다. 그때까지 당신은 당신 집의 천장이나 창고 같은 데서 체류하는 경우가 많다.

이제 당신은 마중 나온 신령들과 같이 인간계의 모든 장해물들을 연기처럼 통과하여 곧바로 걸어간다. 거기가 어디건 간에 가는 것이다.

당신은 자기의 영체가 상승하고 있는 것을 느끼지 못한다. 그리고 '이승'과 영계의 중간에 있는 세계인 '정령계'에 도달한다.

정령계란 곳은 각각 그 나라의 상공에 해당되며, 지구의 회전과 더불어 정령계도 돌고 있다.

정령계의 모든 것

　정령계는 인간계와 상당히 비슷하다. 처음 간 사람은 정령계로 믿어지지 않는다. 그만큼 모든 것이 인간계의 자연과 닮아 있기 때문이다.

　무엇보다도 거기는 육지·산·언덕·골짜기·평야·전원·호수·하천·샘물·공원·정원·정림·삼림·수풀, 모든 종류의 나무와 관목·식물·꽃·풀 등 자연물과 짐승류·조류·어류도 있고 인간계와 다름이 없다.

　거기에 있는 다른 인간들[정령]도 외견상은 인간계와 똑같다. 여기에서 안내자는 당신만을 남겨 놓고 어딘가로 사라진다. 그 뒤 당신 앞에는 영원히 모습을 나타내지 않는다. 참으로 착한 마음씨의 후원자라 할 수 있다.

　정령계는 인간계와 비교할 수 없을 정도로 광대무변하다. 높은 산으로 둘러싸인 분지 모습을 하고 있다. 그리고 지구의 상공 400~500키로 미터 위에 전개되고 있다. 이 정령계에 체류하는 기간은 사람에 따라 다르다. 빠른 사람은 2,3일이고, 늦은 사람은 30년간 여기서 지낸다. 최고 한도가 30년이라고 한다. 그동안에 원하거나 싫어하거나 간에 본성(本性)이 나타나게 된다. 이것

죽은 뒤의 구원은 극락의 존재 때문이다

은 결정적인 자기 성격, 즉 적당히 위장되고 미화된 모든 것이 없어지고, 본질적인 자기 모습이 분명하게 부각되는 것을 말한다. 따라서 선과 악이 확실히 구분되고, 각자의 성격과 성정(性情)에 알맞은 곳에 보내진다. 이 정령계에 체류하는 기간은 사람에 따라 다르다. 빠른 사람은 2,3일이고, 늦은 사람은 30년간 여기서 지낸다. 최고 한도가 30년이라고 한다.

그동안에 원하거나 싫어하거나 간에 본성(本性)이 나타나게 된다. 이것은 결정적인 자기 성격, 즉 적당히 위장되고 미화된 모든 것이 없어지고, 본질적인 자기 모습이 분명하게 부각되는 것을 말한다. 따라서 선과 악이 확실히 구분되고, 각자의 성격과 성정(性情)에 알맞은 곳에 보내진다.

인간계에 있을 때는 세상 사람에 대한 체면과 여러 가지 입장·규칙·약속·형벌 등 사회적 규범 때문에 잠재된 악한 마음이 표면화 되지 못하지만, 이 정령계에서는 구애받는 것도 없고 아무런 억압이 없으므로 누구나 자기 성격과 마음대로 행동하게 된다. 따라서 악은 악, 선은 선으로 누구에게나 솔직하게 표시된다.

결국 위선이 통하지 않는다. 순수한 마음의 상태, 어린이 같은 순진한 모습이 되기 위해 노력해야 된다. 그리고 이 정령계에서는 사회적 지위나 부자 등과 관계없이 누구나가 완전히 평등하다. 아무런 차별이 없다는 것을 느낄 때까지 상당히 시간이 걸리지만, 구애를 받지 않으므로 대학 출신자 보다는 초등학교 출신이, 그리고 부자보다는 가난한 사람이 쉽게 본성을 찾게 되고, 빨리 영계로 건너갈 수 있게 된다.

정령계는 영계와 인간계의 중간에 존재하는 것으로 말하자면 영계로 건너가기 전의 대기소 같은 곳이다. 그러니까 빨리 정령계를 졸업할수록 본인에게는 편하고 좋을 수밖에 없다.

이 '본성'의 상태를 '제2의적(第二義的)상태'라고 하는데 정령계에서는 가장 바람직한 상태인 것이다. 정령계의 상황을 이해하게 되고 어느 정도 익숙해지면 당신은 큰 행사를 맞게 된다.

이 관문은 누구나가 통과하지 않으면 안 된다. 흔히 말하는 '염라대왕의 거울'이란 것이다. 실제적으로 염라대왕이 보는 것이 아니고 평범한 선배령이 친절하게 지도해 준다.

당신의 머리 위에 당신의 일생[생후부터 임종까지]이 빠짐없이 파노라마처럼 재현된다. 실질적인 행위뿐만 아니라 마음으로 생각했던 상념(想念)까지도 빠짐없이 극명하게 묘사된다.

이 행사의 목적은 몸의 혼령을 정확히 분류하기 위해서이다. 이때 누구나가 경탄하면서도 공포에 빠진다. 누구나 인간계에서의 생활은 대소간에 죄 많은 인생이기 때문이다.

인간계에 태어난 최대 목적은, 본인의 성격적인 잘못을 수정하고 전생에 타인에게 잘못한 여러 가지 악행과 상념에 대한 보상, 즉 업의 제거이기 때문에 그 목적과 거리가 먼 경우 또는 반에도 못 미칠 때는 다시 이 정령계에서 직접 인간계로 되돌려 보내진다.

이것은 마치 마라톤 주자가 기진맥진하여 꼴인한 직후 다시 출발점으로 되돌아가는 것과 비슷하다. 인간계에서 죽은 사람들은 어떻게 되는가? 영계가 얼마나 아름답고 황홀한 곳인가를 짐작할 수 없기 때문에 오히려 인간계로 되돌려 보내지는 것이 행복하다고 느끼는 경우가 많을지 모르지만, 실제 이 영계까지 올라온 사람들은 자기 스스로 인간계에 다시 귀환하는 것이 즐거울리 없는 것이다.

영국 옥스퍼드대학 웬츠박사는 과거가 재현되는 스크린에 대해 다음과 같이 설명하고 있다.

여기에서 죽은 사람은 상징적인 영상을 계속 보게 된다. 이들 영상은 그가 인간계에서 육체로 있을 때 축적된 여러 가지 행위가 카르마적인 반사(反射)에 의해 창조된 환각(幻覺)인 것이다. 그들이 생각하고 행한 모든 사건들이 객관화 되는 것이다. 생전에 의식적으로 시각화 되어 왔던 여러 가지 상념이 그대로 그의 인격에 관한 의식내용처럼 엄숙하게 강력히 파노라마화가 된다.

마치 스크린에 투영된 이미지를 아이들이 보면서 감탄하듯이 죽은 인간들은 출현되고 있는 비현실적 성격을 느끼지 못하고 이들 환각적 영상을 바라보게 된다.

현재 영국의 대영박물관에서 괴테의 「파우스트」와 나란히 진열되고 있는 대저서 「영계 탐방일기」를 쓴 18세기 최대의 영매자 엠마누엘 스웨덴보그는 다음과 같이 말했다.

"그런데, 이렇게 죽은 자, 즉 영은 원래의 본질적인 영 그 자체가 되어 간다. 정령계에서도 처음에는 아직 외부적 감각의 잔재나 기억을 가지고 있으나 서서히 이것을 버리고 원래의 영 모습이 되며, 또 우수한 영적 감각을 갖게 된다."

이 정령계에서는 인간계에 있을 때 부부였던 사람들이 만나는 경우가 있는데, 이때 한편의 간절한 소망에 의해 재회할 경우는 멋진 만남이 이루어진다. 이것은 부자지간이나 친구도 마찬가지인데 박수로서 축복할 정도로 극적 장면이 전개된다.

그런데 서로 만나리라는 것을 예상하지 못한 부부들은 딱 마주쳤을 때 기묘한 광경이 나타난다. 예를 들어 당신이 그 부부의 사이를 통과하게 되면 그들 부부와 거리가 멀어도 그들의 원망하는 시선 때문에 마치 당신 몸에 총탄이 쏟아지는 듯한 아픔을 느끼게 된다.

인간계에 있을 때는 금실 좋은 원앙부부였다 해도 사실 그것은 표면적인 것이었다. 서로의 마음 구석에는 솟아오르는 원망, 질투, 두려움 같은 것이 세상 주위의 체면때문에 축적되어 있었다. 그런데 그것들이 전혀 자기를 위장할 수 없는 이 정령계에서는 일시적으로 폭발하게 되는 것이다.

거기에 여기에서는 또 한 가지 쇼킹한 사건이 발생된다.

교통사고 같은 것 때문에 일가족이 동시에 사망하는 경우다. 앞에서 말한 '제2의적(第二義的) 상태' 즉, 본바탕의 모습으로 변하면서 서로 서로 아버지, 어머니, 자식, 딸의 얼굴 모습이 옛날과는 달라진다. 인간계에서는 상당히 닮았던 부자, 형제의 얼굴과 체격이 점차 변해 간다.

여기에 대해서는 뒤에 다시 설명하겠지만, 달라질 뿐만 아니라 각인각색이 되고 각자 헤어지기 때문에 다시 상호간 만난다는 것은 특수한 예 이외에 거의 없는 것이다.

정령계에서는 속마음을 감추는 포커 페이스 같은 표정이 절대로 통하지 못한다.

위선자는 즉시 그 껍질을 벗지 않을 수 없다. 태어나면서부터 솔직한 사람, 매사에 대해 집착하지 않는 사람들이 이 정령계에서는 유리하고 누구보다도 빨리 바라는 영계로 건너갈 기회가 주어진다.

또, 정령계에 오게 되면 처음에는 음식물이나 음료수에 신경을 쓰지만 얼마 지나면 필요없게 될 것이다. 결국 음식물도 소용없게 되는데, 필요한 경우도 담배나 술과 같은 기호품 정도로 그치고 만다.

당신의 경탄은 이 정도에서 끝나지 않는다. 태어날 때부터 봉사였던 남편과 자식이 완전히 눈뜬 상태가 된다는 사실을 어머니로부터 듣기도 하고, 어떤 사람은 두 다리 없이 20년간 인간계에서 지냈는데 지금은 완전하다든가 인간계에서는 생각할 수 없는 기적 같은 사실이 일어난다.

또 80세에 돌아가신 당신의 할머니는 정령계에서 점차 젊어져 20세처럼 보이기도 한다. 아마 반대로 3살에 죽은 당신의 아들은 20세까지 성장되고 그 이상은 크지 않는다. 즉, 영계에서는 20세가 최고 피크로 아래에서나 위에서나 여기에서 정지하게 된다.

극단적인 경우지만, 100세에 사망했는데 그때 그 노인이 한쪽 다리 없이 맹인이었다 해도 영계에 오면 완전히 건강할 뿐 아니라 20세로 젊어지게 되는 것이다.

또 당신이 만나고 싶다고 생각한 당신의 아버지와 어머니가 나타날 때는 알아보기 쉽게 그들이 사망했을 때 모습으로 나타나지만 당신과 헤어지면 다시 원래의 젊은 모습으로 되돌아 가 지내게 된다. 정령계에서 만난 당신의 가족들은 영계로 건너간 뒤, 아마도 영원히 만나기 어려울 것이다.

뒤에 설명하겠지만 영계에서는 각자 자기의 마을에서 지내게 되고 완전히 원래의 타인으로 되돌아가기 때문이다. 슬프다면 슬픈 것이지만 그것은 어디까지나 인간으로서의 감정이다. 심령의 세계는 완전히 사정이 다른 것이다.

저승에서도 성생활이 가능한가?

앞에서 말한 것과 같이 정령계에서는 모든 것이 자유스럽게 하듯이 구속도 형벌도 없다. 해서는 안된다는 규칙도 없다. 또한 사회적, 도덕적 윤리도 없다. 따라서 인간계에 있을 때, 섹스를 즐겨한 사람들은 아주 간단히 그 상태를 찾게 되고, 거기에 빠져들어 간다.

심령과학 연구에서 세계적으로 유명한 「불사의 길」의 저자와 마이어즈 통신으로 유명한 프레드릭 마이어즈는 영계에서의 섹스에 대해 다음과 같이 설명하고 있다.

'인간계에서 난잡한 성생활을 보낸 남녀를 보면, 육체를 잃은 순간 그 지각이 6감(感), 7감, 8감으로 발달되어 예민해지기 때문에 그 욕망도 강해진다. 더욱이 지나치게 발달된 그들의 욕망을 만족시키는 상대편을 뜻대로 구할 수 있으므로 비슷한 상대끼리는 간단히 친구가 될 수 있다. 얼마동안 섹스 낙원을 이룩한다. 그러나 그것은 그들의 기억과 공생에서 가상적으로 만들어진 쾌락인 것이다.'

정령계에서 촉각은 인간으로 있을 때 보다 50~100배 예민하다고 한다. 그러나 섹스를 탐닉한 뒤에는 무서운 포만감과 혐오감에 빠지고 만다. 너무나 쉽게 욕망을 채울 수 있으므로 아무리 육욕적이라고 해도 염증이 생긴다. 그래도 상대편이 놓아주지 않는다. 더욱 고민에 빠진다. 결국은 실컷 욕망을 만끽한 뒤에 권태를 느껴 그 생활에 혐오와 불만을 갖게 된다.

밑바닥에 떨어졌다가 다시 일어서는 것이 정령계의 패턴인 것 같다. 다만, 빨리 만족감을 갖는 것과 아닌 것과는 차이가 크다. 그러므로 인간계에 있을 때부터 이러한 고충이 있다는 것을 의식하고 있다면 그만큼 편히 통과할 수 있을 것이다.

드디어 당신은 정령계를 떠날 때가 왔다. 그러나 그 시기는 생각지도 못했을 때 예고없이 찾아오는 것이다.

정령계에 당신이 얼마나 체류하게 되는가 하는 것은 '거짓없는 본바탕'의 성립과정에 따라 다르기 때문에 주관적으로 판단하기 어렵다.

객관적으로 보아서 당신의 성격이나 성정(性情)이 깨끗해지고 거짓된 사심(邪心)이 제거됐을 때도, 또 당신의 알맹이가 완전히 드러난 시점에 하늘 높이 치솟은 큰 산봉우리가 갑자기 당신 앞에 큰 세력으로 돌진해 온다.

몇만 미터의 산들이 파도처럼, 아니 그보다 더 빠른 속도로 달려오는 모습을 상상하면 된다. 경탄조차 하지 못할 정도로 모든 기(氣)가 정지되어 도망칠 수도 없이 몸이 굳어버린다.

당신 앞까지 단숨에 도착한 하늘같이 높은 산들이 다음 순간 큰 굉음소리와 함께 정상에서 끝까지 2개로 분열된다.

당신은 눈앞에 있는 그 산의 틈 사이로 도망치려 하지만 자기도 모르게 몸이 빨려 들어간다. 마치 몽유병자처럼 하늘과 연결된 산 틈 사이를 홀로 걸어가는 당신 모습은 몇만 킬로미터 멀리 떨어진 영계로부터 실에 의해 끌려가는 것처럼 느낄지도 모른다. 그렇다. 아득히 먼 영계에서 가느다란 실로 끌어당겨지고 있다.

당신은 끌려가듯 하늘 높이 솟은 산의 틈바귀 사이로 사라진다. 영계행은 서양인이나 동양인이나 비슷해 보인다. 각각 다른 방법이 있는 듯 생각되었으나 대동소이한 듯하다.

여기에서 누구나 잘 아는 삼도천(三途川)에 다다른다. 삼도천이란 이름은 누가 만들었는지는 모르나 어쨌든 물가인 것만은 확실하다. 시내라기보다는 바다라고 할 수 있다. 파도도 없고 끝이 보이지 않는다. 넓고 넓은 수면이다.

물론 배 같은 것도 없다. 어떻게 할까 하고 생각하는 동안 당신은 물 위를 걷기 시작한다. 무한하게 펼쳐진 수면 위를 콩낱처럼 보이는 당신의 뒷모습은 이제부터 10만억토의 땅으로 여행하려는 비장한 자태이기도 하다.

얼마 후 당신은 비행기가 활주로를 떠나듯이 수면 위를 나르기 시작한다. 그 속도는 UFO도 따라가지 못할 것이다.

대영계의 광경

이제부터는 영계이다. 그곳은 하늘도 땅도 완전히 붉다. 움직이는 것도 전혀 없다. 숨을 죽일듯한 장엄한, 가느다란 바늘이 떨어지는 소리까지도 들릴듯한 정적의 세계다.

이 '붉다'는 인상은 강하게 느껴지지만, 잠시 후 짐짓 '붉다'는 감정은 없어지고 만다. 당신은 지금 오로지 홀로 영계 속에 멈춰서 있다. 너무나 조용한 나머지 몸이 움츠러져 움직일 수가 없다. 퇴색하여 붉그레하면서도 넓고 아득한 세계, 그곳은 사막처럼 느껴지나 완연히 다르다. 생명의 편린(片鱗)은 전혀 없다. 그야말로 영원한 죽음의 세계다. 그러나 사실은 그것이 아니다.

얼마 후 당신의 마음을 두근거리게 하는 기묘한 사태가 나타난다. 멀고 먼 저편─붉그레하게 퇴색된 구름인지 산인지 알 수 없는 몇만 킬로 저쪽에서 희미하게 빛나는 태양 같은 것이 나타난다.

이상한 것은 이 빛이 당신의 가슴 높이에서 휘황찬란한 것이다. 더구나 이 태양은 당신이 방향을 변경시켜도 항상 당신의 얼굴 정면, 가슴 높이에서 떠나지 않는다. 당신은 감동하지 않을 수 없다. 구원을 받은 것이다.

죽은 직후 발광체에 둘러싸여 눈물을 흘린 것을 기억하면 된다. 바로 이것이다. 그 감격의 수천 배가 넘는 즐거움과 안도감으로 당신은 눈물을 흘리면서 소리칠 것이다.

당신의 이 아우성에 호응하는 듯 아득한 저쪽에서 당신의 이름을 부른다. 상당히 먼 거리에서 불렀다고 생각했으나 정신을 차려 보니 바로 옆에 누군가가 있는 것이다. 마비될 듯이 외로운 고독의 천지에 누군가가 솟구쳐 서 있다. 마중 나온 '영인(靈人)'이다.

두 사람은 잠시 동안 서로 얼굴을 마주 본다. 얼마 후 두 사람은 마음이 통한 듯 손을 맞잡고 걸어간다. 얼마 전의 불안도 외로움도 깨끗이 잊고 당신은 어머니의 마중에 따라가는 어린이처럼, 주인을 만난 강아지처럼 즐거운 마음으로 가슴 높이에서 빛나고 있는 영계의 태양을 향해 걸어간다. 사실상 그와 당신은 각각 떨어져 있으나 완전히 같은 존재인 것이다. 말하자면 두개로 쪼개진 사과처럼 원래는 한 몸이었다. 참으로 타인이 아니기 때문에 당신에겐 불필요한 참견인 것이다.

영계의 태양! 이 불가사의한 태양에 대하여 스웨덴보그는 '영계의 태양은 영계 전체에 대하여 자연계의 태양처럼 빛과 에너지를 공급하여 생명을 유지시킬 뿐만 아니라 영류(靈流)라는 독특한 흐름을 영계에 방출하고 있다'고 말하고 있다.

이제 당신은 마중 나온 영인과 같이 큰 산의 정상에 섰다. 이것은 참으로 장엄하고 경탄할 수밖에 없는 광경이다.

영계층도 광대무변이라는 말 이외에는 표현할 길이 없는 큰 분지이다. 왼쪽 아득히 먼 곳에 수만 미터 높이의 빙산(氷山)

들 봉우리가 연결되어 있다. 그 높고 날카로운 산 모습은 인간계에서 상식적으로 상상할 수 없을 정도이다.

중앙 근방에는 번쩍번쩍 빛나는 바다와 같은 빛이 퍼져 있고, 그 오른편에는 붉그스레 퇴색된 사막같은 바위산이 드문 드문 푸른 자연계와 더불어 무한히 펼쳐져 있다.

골짜기와 시내, 언덕이 있고 그 사이 사이에 인간계의 촌락처럼 수많은 마을들이 수천, 수만 아니 수억 개가 점점이 널려 있다.

당신은 지금 유체이탈한 후 10만억토의 여행에서 돌아가려 하는 마을은 이 몇억 개의 마을 중 하나인 것이다.

이 마을들은 대부분 50호 내지 500호 정도로 구성되어 있다. 흥미 없을 정도로 부지기수인 마을 중에서 그의 안내를 받아 자기 마을을 결정한 당신은 곧바로 그곳에 도착한다. 당신 마을의 주민들은 한사람도 빠짐없이 전원이 쌍수를 들고 환호하면서 당신을 맞이 한다.

다시 살펴보자. 여기 있는 전원이 당신과 같다. 정확히 말하면 당신과는 모든 면에서 닮아 있다. 성격·성정·취미·기호 등 거의가 당신과 같다고 해도 과언이 아니다.

정말로 당신의 분신처럼 보인다. 그렇다고 해서 만일 당신이 옆 마을에 잘못 찾아간다면 즉시 배척당하고 말 것이다. 마을 사람들끼리의 친밀도는 인간계의 부자간이나 형제간과는 비교할 수 없을 정도다. 초시간적으로 즐겁게 사이좋은 관계를 유지하는 것을 보아도 그들의 경탄할만한 일체감 의식을 상상할 수 있다. 가장 참된 가족의식이 표본이라 할만하다.

영계에 있는 이들 마을들은 어떤 마을도 원형(圓形)으로 배치되어 있다. 그리고 마을의 촌장을 중심으로 영력(靈力)이 강한 영인이 중앙에, 영력이 약한 영인이 외곽에 배열된다. 그러나 집의 모양은 마을에 따라 각각 다르며 하나도 같은 것이 없다. 목조도 목조 나름대로 각각 다르고, 석조가 각각 다른 마치 건축박람회 같은 광경이다.

이제 당신은 마을에 있는 어떤 집을 제공받아 영인으로서의 생활을 시작하게 되는데, 검소한 그 집에 대해 놀라지 않을 수 없을 것이다. 벽장도 없을 뿐만 아니라 부엌도 없다, 화장실도 없고 가구류도 없다. 당연하다.

영계에 있어서는 첫째 먹고 마시는 것이 없다. 영계에 있어서 먹고 마신다는 것은 인간계에서 볼 때 마치 술을 마시거나 담배를 피우는 것과 흡사하여 본인의 기호문제와 같은 것이다. 식사를 할 필요가 없으므로 따라서 화장실과 부엌도 필요 없다. 잠을 자지 않으니까 벽장에 침구를 준비할 필요가 없다.

입고 있는 것은 머리에서부터 발끝까지의 간이 의복이고 영원히 더럽혀지지도 않고 훼손되지 않기 때문에 옷장도 없다.

그러면 아무 일도 하는 것 없이 빈둥거리느냐 하면 천만의 말씀이다. 대단히 바쁘다. 의식주에 대해 걱정이 없으니까 영인들은 매일 자기가 즐겨 하는 일에 몰두한다.

어쨌든 영인들은 인간계에서 본다면 생각할 수 없을 정도로 공연한 참견이 많은 편이나 착한 마음으로 가득 차 있는 것이다. 즉 남을 위해 전심전력하는 봉사 정신이 전부인 것이다.

자기만 좋으면 그만이고, 가족만 행복하면 끝이라는 생각은 전혀 없고, 자기와 타인이라는 구별이 없기 때문에 타인의 기쁨이 나의 행복이고 남의 아픔이 글자 그대로 나의 고통인 것이다.

어떤 누가 제안하면 즉시 전원 찬성이다. 예를 들면 탑을 세우자고 말하면 전부가 공동으로 하늘 높이 일심전력으로 돌을 쌓아 올린다. 인간계와는 전혀 다르다.

이승에서는 반드시 반대자가 있고 의견이 분분하지만, 영계에서는 마을의 누가 의견을 내면 전원이 일심단결하여 협력한다. 따라서 기술자는 기술자끼리, 예술가는 예술가끼리 마을을 구성해 가는 경우가 많다.

모든 천재적 재능은 화가이거나 음악가이거나 영계에서 그 뿌리를 단단히 내리고 있는 것이다. 오직 인간계에서만 만들어진 천재적 재능은 있을 수가 없는 것이다.

인간계에서 시작된 재능이라면 별로 세상 사람의 관심을 끌지 못하고 평범한 존재로 끝마쳤을 것이다. 화가 고흐나 음악가 베토벤도 영계에서 잘 훈련된 재능이 인간계에서 두각을 나타낸 것에 불과한 것이다.

영계의 지도자와 인간계에의 전생

　예술가뿐만 아니라 지도자로서 활약한 사람들은 탄생하기 전 영계의 마을에서 영능력이 높은 촌장이었던 경우가 많다.

　영계의 마을 촌장은 인간계와는 달리 아주 젊다. 보기에도 20세 정도가 일반적이며 유달리 씩씩하고 건장하다. 영능력도 한 단계 강하며, 당장에 산도 파괴시킬 정도다.

　영계에는 가끔 지옥에서 신음하던 악령들이 영계 밑바닥에서 기어 올라와 일시에 밀려오는 경우가 있다. 그때는 여러 마을의 촌장들이 그들 앞에 맞서 궐기하며 잠깐 노려본 뒤 산을 붕괴시켜 악령을 추방한다.

　마을 촌장들의 날카로운 질시(嫉視)는 기어 오른 수많은 악령을 산을 폭파시키는 힘으로 지옥 속에 다시 떨어뜨린다. 마치 킹콩이 미쳐 날뛰는 것과 같은 괴력으로 악령들의 손발을 무력하게 만드는 장면이 전개된다.

　이 이외에도 중요한 역할은 자기 마을에 있는 영인이 다시 인간계에 전생(前生)하지 않을 수 없게 됐을 때, 그 영인을 잘 보살펴서 전송하는 일이다.

　우선 먼저 영인을 대기소에 데리고 가서 거기서 그의 의식을 잠재(潛在)시킨다. 즉, 기를 잃게 만든다. 이것은 대단히 중요한 일로, 다시 태어날 때의 고통을 부드럽게 함과 동시에 전생한 후 영계에서의 모든 것을 완전히 망각시키기 위해서다. 그것이 그가 인간계에서 수도하는 과정에서 유리하며, 그것이 바로 목적이다. 그러나 다시 태어날 때의 엄청난 고통을 뛰어 넘어 그 기억을 가진 채 인간계에 나오는 사람도 있다.

그것은 신계층에서 받은 사명을 잊지 않았기 때문인데, 자신의 수양이 목적이 아니고 인간계 전체의 구제, 또는 교정(矯正)의 사명을 가졌기 때문이며 예수나 불타가 여기에 해당된다.

영계에도 결혼이란 것이 있다고 한다면 여러분은 놀라움을 금치 못할 것이다. 영계의 결혼은 영적 친근함, 친화감의 절대적인 극치(極致)에서만 행하여진다. 따라서 A 마을의 동지끼리만 있을 뿐이며, A마을과 B마을 사이에서는 행하여지지 않는다고 한다.

멀고 먼 천계층(天界層)

그런데 영계는 크게 나눠 7개 계층(階層)으로 구성되어 있어 1,2층의 지옥계를 두텁게 감싸고 있는 검은 구름 멀리 상공에 영계층이 보인다.

그 영계층보다 더 높은 상공에 엷은 금빛 공기막 같은 것이 있고, 영계층과 같이 산이나 골짜기, 호수가 산재되어 있는 것이 가물가물하게 보인다.

이것이 천계층이며, 일명 천사요원층(天使要員層)이라고 불리우는 곳이다. 이것이 보이게 되면, 당신은 영으로서의 수양이 상당히 깊다고 볼 수 있다.

이 천계층은 영계에서가 아니고 정령계에서 직행한다고 한다. 영계의 주민들이 천계층에 한때도 체류하지 못하는 것은 지옥 주민이 영계층에서 살 수 없는 것과 같은 것으로, 모두가 영계의 태양에서 방사되는 '영류'와 관계가 깊은 것이다.

지옥의 주민도 타인에 대해 애정을 느끼기 시작하게 되면 영류의 공격을 막는 마음이 개발되고, 차차 영계층 가까이로 올라가는 것과 같이 영계의 주민도 다량의 영류 공격을 방어할 수 있게 되면, '이지(理智)' '사랑'에 대한 자각이 강해지고 따라서 최종적으로는 천계층까지 올라갈 수 있을지도 모른다.

천계층도 영계층도 정령계에서 직접 갈 수 있는데, 영계층에는 지옥에 가는 무서운 모양의 동굴, 산 그늘, 습지대 등이 여기저기 보이는 것처럼 천계층에 갈 수 있는 특별한 길이 영계층에도 한 군데 있다.

그것은 장엄한 삼림(森林)이라고 불리우는 금빛 수풀로 일반적인 영계 주민은 가까이 근접하지 못한다. 여하간 정령계까지는 누구나 갈 수 있으나 그 다음 부터는 각자의 책임이다. 즉, 인간계에 있을 때의 그 사람의 행위, 상념이 모든 것을 결정하는 것이다.

'죽으면 그것으로 끝이다'라고 생각하는 사람들은 자기 자신에 대한 진정한 사랑도, 자기 이외의 사람에 대한 순수한 사랑도 완전한 모습은 아니므로 천계층까지 가는 것은 무리인 것이다. 첫째, 눈을 못 뜨게 할 정도로 밝은 천계층은 그만큼의 영류가 흐르고 있다는 증거이므로 이 같은 임시변통적인 수정(修正) 행위로서 마침내 좋은 결과가 기대될 수 없다.

인간계에 있을 때부터 사랑을 의식하고, 사랑을 실천하며 박애 정신을 광범위하게 확충하면서 질투나 증오의 감정을 멀리하고 자연스럽게 솔직성과 정직성으로 일관된, 말하자면 깨달은 사람들만이 천계층에 갈 수 있는 것이다.

이런 사람들이 아닌 이상 저 강렬한 빛과 홍수 같은 영류를 받아 멈추게 할 수는 없다. 만일 지옥에 가야 될 영이 잘못되어 천계층에 뒤섞여졌다면 어떻게 될까? 순간적으로 발광하고 100메가톤의 원자폭탄의 공격을 받은 것처럼 형체를 찾지 못할 것이다.

천계층

천계층에도 영계층처럼 무수히 많은 마을들이 있다. 그 마을들의 크기는 각양각색이지만 어떤 마을도 영계층보다는 훨씬 크다.

영계층 마을 주민들은 작은 것이 50명, 큰 것이 500명 정도인데, 천계층의 마을 주민은 작은 것이 5천 명, 큰 것은 5만~10만 명 정도로 크다.

확실히 마음에 맞는 친구끼리면 그 멤버가 많을수록 행복할 것이다. 인간계에서도 큰 단체일수록 의견이 분분하고, 이질적인 요소들이 많으나 영계에서는 완전히 의기투합된 동지끼리의 마을이기 때문에 한 사람도 싫은 사람이 없다.

특히 천계층의 주민들은 자기만 만족하면 그만이라는 사고방식을 가진 자가 한 사람도 없다. 전원이 타인을 위해서라면 어떤 노력도 아끼지 않는 동지들 뿐이므로 사랑이 넘쳐흐르고 있다. 모든 얼굴 표정이 솔직하고 착하며 맑고 밝다. 그러나 이상하게도 우리 인간계에서는 이해할 수 없는 것이 있는데, 그만큼 악의가 전혀 없는 천계층의 마을과 마을 사이에 교류란 것이 전혀 없다. 즉, 국가적으로 말한다면 외교관계가 전혀 없는 것이다.

다만, 각각의 마을끼리는 외교관계가 원칙적으로는 없으나 영계의 태양에서 받는 직접 영류와 신계층에서 내려오는 간접 영류 때문에 서로 정확하게 이해하게 되어 분쟁이 전혀 없으며, 천계층 전체의 중대사에 있어서는 모든 마을이 일치단결된다.

이 천계층의 위치는 쉽게 말해서 지구의 상공 약 100킬로 높이에 있고, 이 영계 전체는 지구의 회전과 더불어 회전하고 있다. 그리고 누구나 죽게 되면 자기 나라와 가까운 곳으로 당연히 가게 된다. 그러나 영계는 전체적으로 시간과 공간의 관념이 없으므로 만일 미국 마을에 가려고 한다면 즉시 갈 수 있고, 어느 곳에 있으나 똑같다.

영계[천계층도 물론]에서는 모든 것이 영인들 마음에 달려 있다고 할 수 있겠는데 정확하게 말하면 마음, 즉 상념뿐만이 아니고 여기에 첨가하여 인간계에서 올라오는 그 무엇이 있는 것 같다. 이 무엇은 아직 확실히 정체가 밝혀져 있지 않다.

영국 심령과학의 권위자들이 올리버 롯지 박사의 죽은 아들 레

이몬드의 영계보고를 통해 이 인간계에서 올라오는 무엇에 관하여 연구하였는데 아직까지도 결론이 없는 듯하다.

천계층의 황홀한 향기는 주위에 활짝 개화(開花)된 갖가지 빛깔의 꽃 속에서 흘러나오고 있다. 갖가지 빛깔의 꽃이라고 말했으나 인간계의 표현으로는 그 색조를 설명하기 어렵다. 찬란하기도 하고 미소짓는 듯하면서도 상쾌한 색조인 것이다. 그 밝음, 참으로 밝은 빛 속에서는 우리 눈으로 볼 수 있을 정도로 희미하게 바람에 흔들리고 있는 것이다.

크고 작은 다양한 꽃들이지만, 큰 것은 인간계에서 상상할 수 없을 정도로 크며 자기도 모르게 감싸고 싶을 정도의 기가 막힌 향기를 내뿜고 있다.

천계층의 주민들은 이와 같은 꽃 속을 자유롭게 날아다니는 것이다. 이제 당신은 은은한 향기에 둘러싸인 꽃밭 저 너머 보이는 큰 궁전 앞에 서자마자 말문이 막히게 될 것이다.

궁전처럼 보이는 이 건물은 이 세상의 언어로서는 표현할 수 없을 정도로 아름답고 장엄하기 때문에 이것과 비교될 수 있는 건물은 인간계에 존재하지 않는다.

지붕은 황금기와를 올린 듯 금빛 찬란하고 벽면이나 바닥도 갖가지 빛깔의 보석으로 만들어져 있음 밖에는 달리 생각할 수가 없다.

궁전 안의 각 방이나 복도에 대하여도 뭐라 표현할 길이 없다. 만일 당신이 천계층으로 간다면 아마도 망연자실, 몽유병자처럼 여기저기 헤매게 될 것이다.

무한하게 펼쳐진 정원에는 은빛 나무에 황금빛 과일이 주렁주렁 매달려 있고, 발밑에는 파도치듯 수백 가지의 꽃송이가 흩날려 있으며 몸과 마음을 취하게 만드는 음악 소리가 하늘에서 들려온다. 또 땅에서는 상쾌한 향기가 솟아올라 산들바람에 이리저리 하늘거린다. 그리고 영인들이 밝은 얼굴로 향기 속에 펄럭펄럭 흩어져 간다.

궁전 주위에는 영인들이 각각 자기의 마을을 만들어 살고 있는데, 그 집들은 원형으로 배치되어 아름답게 꾸며져 있다. 영인들의 의복은 눈처럼 순백색이고 바람처럼 투명하게 천지에 가득찬 빛 속에서 잘 조화를 이루고 있다.

이와 같은 세계에서 영원한 생명을 누리고 있는 영인들은 아무리 생각해도 천계층의 행복을 충분히 만끽하고 있다고 볼 수 있으나 그들의 삶을 즐기는 방법은 인간과 약간 다르다.

인간이라면 이 같은 세계에서 행복하게 살 때, 눈에서부터 즐거움을 느낀다. 그러나 그들 천계층 주민들은 여기에서 눈으로 즐기는 것이 아니고 이들 아름다운 사물들에 의해 표상(表象)되는 영의 마음을 즐기고 있는 것이다.

'영계'를 믿는다는 것

이제까지 '유계' 또 '영계' 그리고 천상계층의 멋진 세계를 묘사하였으나 그렇다고 죽은 모든 영이 영계로 갈수 있는 것은 아니다.

천상계층의 멋진 세계 – 아름다운 꽃들로 만개

전술한 바와 같이 자기가 죽은 것도 모르며 영계에도 가지 못하고 떠돌아다니는 악령이 되어 인간에게 빙의하거나 눈으로는 차마 볼 수 없는 비참한 상태가 되는 경우도 있는 것이다. 물론 지옥계에 떨어지는 경우도 있다.

이제까지 설명한 것과 같이 정직하게 훌륭히 영계로 건너가기 위해서는 죽음을 올바르게 이해하는 것이 현명하고, 그러기 위해서는 우선 영계가 있다는 것을 철저히 믿어야 되는 것이다. 그러기 위해 동서고금의 지식을 집약시켜 기술한 것이므로 도움이 되리라고 생각된다.

'사후생(死後生)'을 굳게 믿고, 솔직하게 현세를 보냄과 동시에 사후의 세계에 대해 지식을 갖고 있으면 당황하지 않고 쾌적한 영계에서 즐겁게 보낼 수 있으므로 불안감을 가질 필요가 없다.

또 죽음이라는 인생의 종말에서 오는 최대의 불안감을 제거한다면 한 평생의 고민 대부분을 해소할 수 있고, 악착스럽지 않게 인생을 보낼 수 있을 것이다.

바로 이것이 영계에서 보다 좋은 층계(層階)에 갈 수 있는 비결인 것이다.

육체와 유체 그리고 영체

유체란 인간의 신체, 결국 육체와 복합적으로 존재하는 또 하나의 신체와 같은 것이다. 육체가 여러 가지 기관(器官)을 갖고 있으면서 생명을 인간계에서 유지하고 있다면, 유체는 그 인간의 영적(靈的)인 부분과 불가분의 관계를 맺고 있는 것이라고 할 수 있다.

영적인 부분과 유체가 일체인 이유는 가사(假死) 체험자의 경우나 특수한 케이스로 유체가 육체에서 이탈된 실례, 결국 유체이탈 경험자의 어떤 체험자에서 확실히 의식을 갖고 모든 것을 보는 것은 유체 쪽의 자기이고, 육체 쪽에서 유체를 보았다는 예가 전혀 없었다는 사실에서 알 수가 있는 것이다. 그러므로 유체는 영혼이나 영계 쪽에 있는 것이고, 유체이탈이 일어난다는 것은 영계나 영혼이 있다는 증명의 한 가지가 되는 것이다.

유체이탈은 육체적으로 중상을 당했거나 심한 고통상태에서 나타나는 경우가 있는데 괴로운 육체에서 유체가 이탈하게 되면 고통이 완전히 없어진다. 즉, 이것은 육체와 전혀 별개의 것으로 특히 의식＝혼은 유체쪽에만 있다는 것을 표시하고 있는 것이다.

이 유체이탈에서 세계적으로 유명한 것은, 영국 공군의 고문의사였고 정부에서 훈장까지 받은 의무관의 이야기이다.

그는 제1차 세계대전 중인 1916년 4월, 프랑스의 크레르말레에 주둔하고 있던 왕립항공대 제2여단의 의무관으로 배속되어 있었다. 그 당시는 의학도였으나 전쟁이 그의 능력을 필요로 하였다.

어느 날, 그는 다른 비행장의 긴급한 사고 소식을 듣고 파일럿과 함께 출동했으나 조종사의 잘못 포착으로 추락하기 시작했다.

이 의무관은 기체가 땅에 추락하기 전에 실신하여 지면과의 충돌을 알지 못했다. 그가 느낄 수 있는 것은 60미터 정도의 상공에서 유체(幽體)가 되어 땅과 충돌한 비행기 날개와 누어 있는 자기 몸을 보고 있는 것이었다. 그리고 상처가 없는 파일럿과 두 사람의 상관이 자기 몸을 향해 뛰어가는 것이 보였다.

격납고에서 구급차가 달려 왔고 간호병이 올라탔으나 무엇인가 잊은 것이 있는지 정지했다가 간호병이 무엇을 갖고 다시 승차하자 달려가는 모습이 관찰되었다.

그 뒤 의무관은 자기 스스로가 초고속으로 비행장을 떠나고 있는 느낌을 감지했다. 가까운 곳에 있는 도시를 지나 바다 쪽으로 달리는 듯 했다.

돌연 '경련이 생겼구나' 하고 느낀 뒤에도 어디에 자기가 있는지 알 수가 없었다. 그러나 다음 순간 간호병이 어떤 자극물을 자기 자신의 목안에 흘려넣자 마자 평소와 같은 세계로 되돌아 오게 되었다.

젊은 의무관의 보고를 청취한 상관 두 사람은 사고 당시의 모든 것을 조사한 결과 이 의무관의 증언과 같은 순서로 사고가 진행된 것을 확인할 수 있었다.

육체를 이탈하기도 하는 혼백

확실히 기묘한 경험으로 보일지도 모르나 이와 같이 자기의 육체에서 유체가 이탈되는 것은 여러 가지 직업·연령·건강 상태 등의 인간에게서 나타나고 있다.

육체를 떠난 본인은 자기 육체의 복제물, 또는 어떤 일종의 투명체라든가 본래의 자기 육체와는 별개의 것으로 되어 있다고 느끼는 경우가 많다.

외국에서는 이와 같은 유체이탈의 체험을 out-of-body experience거나 escomatic state 등으로 부르고 있는데, OOB, OOBE, OBE라는 약자도 사용되고 있다. 이 OBE의 기록은 앞에서 설명한 젊은 의무관 이외에도 많이 남겨져 있다.

1978년에 초심리학자 D. 스콧드 로고가 자기의 OBE 체험을 「신체를 초월한 혼백」이란 책에서 정리, 보고하고 있다. 요약하면 다음과 같다.

'1965년 8월 어느 무더운 날 오후에 학생이었던 나는 수업이 끝나자마자 습관적으로 낮잠을 자기 위해 침대에 누웠다. 그러나 한기때문에 몸이 떨려 잠을 이룰 수가 없었다. 옆으로 누웠을 때, 몸 전체가 크게 떨려 마비된 것처럼 된 것을 알 수 있었다. 그 직후 나는 내 몸이 우주에 뜬 것처럼 느껴졌고 침대 옆에 서서 나 자신을 관찰하고 있었다. 나는 돌연히 오른쪽으로 돌아가 복도와 통해진 문 쪽으로 걸어갔다. 나의 동작은 마치 젤리 위에 미끄러진 것과 같은 모양이었다. 균형을 잃어 넘어진 것으로 기억된다. 자기 신체처럼 보이는 희끄무레한 주위는 구름 같은 것으로 둘러쌓여 있었다. 그 얼마 후에 침대에서 나는 의식을 회복하고 있었다.'

이 스콧드 로고의 체험은 평소와 같은 상태에서 유체가 이탈하는 전형적인 상황을 나타내는 것으로 유명하다.

일본에도 이와 비슷한 실례가 있다. 현재 자기 사업을 하고 있는 M씨는 수년전 대학생 때 시내의 하숙집에서 이상한 체험을 갖게 되었다. 그에 의하면,

'나는 원래 빨리 잠이 못드는 편이었다. 평소에도 잠자리에 들면 이 생각 저 생각으로 잠을 이룰 수가 없는 것이다. 그날 밤도 어렸을 때부터의 일이 계속 머리에 떠오르며 잠이 안오고 가슴이 뛰어옴을 느꼈다. 침대에 누워 보았으나 눈이 떠있는 것도 아니고 자는 것도 아닌 막연한 상태에서 돌연 몸이 꼼짝도 못하게 굳어가는 느낌이었다. 방안에서는 뽕, 뽕… 소리가 나고 마치 콤프레셔[공기압축기]가 돌아가는 듯한 소리가 들렸다. 이 소리에 맞춰 이불속의 공기가 빠져나가는 듯하고 목덜미 아래가 완전히 푸대 속에 들어가고 그 속이 진공상태인 듯이 느껴지는 것이었다. 이불이 완전히 몸에 붙어있으므로 움직일 수 없었다. 물론 이것은 감각적으로 느낄 뿐 실질적인 것은 아니다. 그러나 몸을 움직이려 해도 전혀 불가능하다. 잠에 취해 멍청한 듯 생각되었으나 눈으로 보이는 방 모양은 조금도 다름이 없다. 천정이나 벽, 책꽂이의 책도 어둠

속에서 전과 다름없다. 귀신에 홀린다는 상태가 이것처럼 생각되기도 한다. 나는 두려운 마음으로 필사적 노력을 시도했으나 전혀 불가능했다. 더 이상 참을 수 없다고 생각했을 때였다. 몸에 대한 압박이 더욱 강해졌다고 느꼈을 때, 몸이 쑥 빠져나오는 듯하다가 다음 순간 나는 공중으로 떠오르는 것 같았다. 나는 초능력자가 된 것처럼 반신반의 하면서 공포와 스릴을 느끼게 되었고, 몸은 점점 상승되었다. 책꽂이나 창문 등이 점점 아래로 내려가는 것이 보인다. 나 자신 현세의 신체는 아래쪽에 있었다. 몸은 계속적으로 움직일 수 없고 눈앞에 유령같은 것도 없으며, 다른 물체가 있는 것 같지도 않다. 30초 정도 지나 천정까지 순간 올라갔다가 정지되었다. 신체는 수평 상태가 된 것 같으나 확실히 알 수가 없다. 몸을 움직이기가 두렵다. 그러나 호기심을 갖고 이리저리 눈동자만을 움직여 좌우를 살펴보았으나 자기 방의 모양이 평소와 다름없다. 이 상태에서 1~2분 지났을까 할 때 위로 올라갈 때와 비슷한 속도로 이번에는 반대로 내려가기 시작했다. 등 뒤가 침대에 닿자마자 이불속으로 공기가 들어오는 느낌이면서 진공 상태가 없어지고 몸이 자유스럽게 되었다. 나는 다시 몸을 일으켜 주위에 있는 집기 등을 살펴보았으나 아무런 변화가 없었다. 나는 다른 사람들 보다 비교적 감정적이고 내성적이며 집중력이 강해 매사에 대해서 염려하는 습관이 있는 편이지만, UFO나 신령을 만난 경험도 없고 전혀 초능력과도 인연이 없다. 혹시 이 하숙방에 어떤 문제가 있는 것인가 생각되어 집 주인에게 여러 가지 물어보았으나 아무 일도 없었다. 이 이야기를 친구에게 말했더니 그것은 '유체이탈이다. 조금 더 자유스럽게 움직이면 어디든지 갈 수 있다. 영계도 갈 수 있었을 것'이라고 말했다. 그러나 자기 스스로가 그런 상태였다면 '두려움 때문에 그런 여유가 없었을 것이다'라는 생각이 옳을 것이다. 다음 기회에 자유로운 동작을 기대했으나 행인지 불행인지 다시는 기회가 없었다.

어떤 독자의 유체이탈 경험

이와 같은 M씨의 체험은 사실상 여러 사람에게서도 경험되고 있다. 다음의 K씨 체험은 상당히 흥미 깊은 것이다.

"나는 이제까지 여러 번 꿈꾸는 베갯머리에서 아이들이 나타나고 몸이 전혀 요지부동이 되는 경험, 또 최근에는 유체이탈을 처음 느꼈다. 요지부동일 때는 아주 심하게 괴로운 나머지 이제 이런 몸은 쓸모가 없다고 생각되고 전부터 책에서 읽은 유체이탈을 회상하게 되면서 호기심과 자기 의지로 어떻게 되는가를 실험해 보고 싶은 생각을 갖게 되었다. 이제는 몸이 굳어진 상태에서도 침착해지는 상태가 되었으므로, 온 몸에 힘을 넣어 일어서려고 노력해 보았다. 마치 젯트코스타가 언덕을 내려갈 때와 같이 가슴에 이상한 거부감이 느껴지고 등에 식은땀이 흐르면서 동시에 상반신이 쑥 빠져나와 일어서는 것이었다. 잠시 동안 어리둥절하여 멍하고 있었는데 눈으로 보이는 방향이 이상했다. 보통의 경우라면 일어선 영체가 눈앞에 보이는 것이 정상인 것인데….

사실은 제3자의 위치에 있는 내가 생체와 영체를 뒷편의 높은 곳에서 내려다보고 있는 것이다. 그 다음에 어떻게 됐느냐 하면, 전부가 각각 떠난 줄 생각되었는데, 방 옆에 있는 계란을 영체가 서서히 밟고 있는 것이다. 계란을 힘껏 밟았다는 느낌은 확실히 있었다. 그런데 약간 내려가서 계란 위를 올려다 보았을 때, 그 순간 보이는 시점이 영체로부터 벗어나고 계란 위에서 영체를 제 3자인 내가 쳐다보고 있었다. 그때 영체는 아무것도 보지 않고 있었다. 항상 의식과 시점은 하나밖에 없다. 순간 정신 차렸을 때, 육체와 영체 그리고 제3의 내가 하나가 되어 나르는 것이었다. 무섭다거나 두려운 생각은 전혀 없었다. 자기의 의지로 실험한 것이므로 해치웠다는 기분이 먼저 앞섰다. 지금 생각하면 무섭다는 느낌이 들지만…. 이때 빠져나오고 싶다는 목적을 달성하기 까지는 자기 의지가 강했으나 그 뒤는 전혀 자기 의지로 움직일 수 없었던 것처럼 생각되었다.

이 K라는 여성은 이밖에도 어린애의 영혼을 보거나 꿈속에서 전생의 죽는 순간 같은 것을 본 일이 있고, 상당히 영적인 능력을 가진 것처럼 생각되는데, 유체이탈의 체험을 이상과 같이 기록하고 있다.

여기에 나오는 '제3의 나'라는 존재는 상당히 희귀한 보고라고 할 수 있다.

육체와 유체·영체

이 K씨의 체험에서 연상되는 것으로, 만화가이면서 심령에 대해 연구했던 H씨가 '드디어 영혼을 만났다'는 보고가 소개되고 있다.

그의 보고에 의하면 육체·유체·영체중 하나가 없어진 사례다. 그분은 직장 여성으로 25세였는데 H씨에게 편지가 왔을 때 즉시 위험하다는 것을 직감으로 느꼈다고 한다. 그 편지에서,

－그것은 현실감의 상실로 자기가 살고 있는 것처럼 느껴지지 않는, 즉 존재감이 없었다. 그리고 가끔 내가 없어지는 것이다. 자기의 신체이면서 마음이 없거나 의식이 전혀 없는 것이다.

예를 들면, 자가용 차를 운전하고 있는 도중에, 도중까지는 기억하고 있으나 어떤 시점부터 의식이 없어진다. 더욱이 그때 '나는 운전하고 있는 자기를 차의 바깥에서 보고 있었다. 분명히 내 몸은 차를 운전하고 있었다. 그러나 나 자신은 달리고 있는 차와 같은 속도로 하늘을 나르면서 약간 오른 쪽의 차 밖에서 자기 모습을 관찰하고 있었다.'

그리고 편지는 계속하여,

－흔히 말하는 저 세상에를 다녀왔습니다. 추운 겨울 목욕탕에 있을 때였지요. 문 앞에 시내와 꽃밭이 보이고 어떤 여자가 어서 오라고 손을 흔들고 있었다는 문장도 보였다.－

H씨는 이 편지를 보고 이것은 분명히 유체이탈이고, 이 상태에

서는 그녀가 언제 죽을지도 모른다고 직감했다.

이 편지의 주인공이 상경 후에 H씨에게 와서 상세히 설명하였으므로 그는 의사의 자문을 받았으나 확실한 진단이 나오지 않아 영능자에게 문의했다. 그는 '신이 들린 것' 같다고 하므로 다른 심령과학자에게 의견을 타진했다.

그는 귀신이 빙의된 것이 아니다. 유체이탈이 생겼다니까 유체를 봉쇄해 주겠다고 하면서 그 방법을 가르쳐 주었는데 그 뒤에는 항상 컴컴한 굴속에 구속되어 있는 기분이 심해지고 여기에서 탈출할 수가 없었다고 한다.

그래서 다시 H씨는 잘 알고 지내는 영능자에게 다시 데리고 갔다. 그녀를 보자마자 육체 위에 영체가 겹쳐 있는 것은 확실한데 유체가 보이지 않는다. 이런 사람은 아주 드물다고 말했다. 괴상한 영혼이 유체를 육체로부터 떼어내 어딘가에 가둬 놨기 때문이라는 것이다.

결국 육체와 영체를 일체화 시키려면 유체가 없어서는 안 된다는 것이다. 이와 같은 기묘한 상태의 그 여자를 완치시킨 것은 P라는 다른 유능한 영능자였다고 한다.

P시의 영시력에 의해 젊은 직장 여성의 유체가 다른 차원의 터널 같은 곳에 밀폐되어 있는 것이 확인되었고, 그녀의 의식을 1차적으로 그곳까지 유인하여 유체와 합체시킨 뒤 두 번다시 육체에서 빠져나가지 못하게 어떤 조치를 강구했다는 것이다. 그 뒤부터 그녀는 정신적으로나 육체적으로 정상을 되찾아 건강하게 되었다.

유체이탈은 신중하게 해야 된다

이와 같은 사례를 인용하는 이유는 영계와 깊이 관련되는 유체이탈이란 것은 신중하게 해야 되기 때문이다.

앞에서 인용한 영국 의무관과 같이 자기가 위급할 때 생기는 유체이탈은 대부분 '수호령'의 생명을 구제하기 위한 조치였다.

이와 같은 것을 스스로 한다는 것은 상당히 수행을 쌓은 뒤가 아니면 안 된다는 것을 이해할 필요가 있다. 자기의 유체를 가끔 여행시켜 스스로를 비정상화 함으로써 생명까지 위태롭게 된 경우들이 보고되고 있기 때문이다. 유체이탈이 자주 생길 때는 원칙적으로 적절한 영능자와의 상담을 시도해 보는 것이 좋을 것이다.

이상과 같은 사례에서 보는 바와 같이 영계의 실존은 확실하고 이 유체이탈[의식=영혼과는 분리되지 않는 형태의]은 일반적으로 유쾌한 것으로 알려져 있다.

영국의 초심리학자 세리어 글리언도 유체이탈 체험례를 수집 조사하고 있는데, 육체에서 탈출할 때 이탈 뒤의 여러 가지 감각도 몇 가지 소개하고 있다.

그 체험에는 우리 주위의 경험과도 일치되고 있으므로 몇 가지를 소개한다.

▼ 내가 육체를 이탈하였는데 범위나 위치가 한정된 조그만 공간이었다.

▼ 표류하고 있는 자기가 참된 나이고, 아래에 보이는 것은 표류하고 있는 나의 그림자라는 느낌이었다.

▼ 육체를 이탈한 쪽이 진실한 나라는 것을 알게 되었다. 그 분신은 사물을 보고 생각하며 감정을 갖고 있었기 때문이다.

▼ 나는 자기 몸이 이상하게 빛나고 있는 것처럼 느껴졌다. 즐겁고 둥둥 떠 있는 기분이었다. 어떤 이유인지 모르나 4차원적인 감각으로 외부뿐만 아니라 내부를 보려고 하면 볼 수 있다는 느낌이었다.

▼ 나는 분명히 깨어 있는 의식으로 보고 있었다.

▼ 나는 이제까지 이만큼 의식이 깨어 있는 경험도 없었고, 이처럼 멋진 자유를 만끽한 일이 없었다.

▼ 동작은 순간적이었고 생각한 순간에 행동이 끝나버렸다.

▼ 육체를 떠난 나는 형언할 수 없는 훌륭한 기분이었다. 몸이 가볍고 활력이 넘쳐 있었다.

우수한 영능자의 유체비행

초보자는 하지 않는 편이 위험을 피하는 길이다. 유체이탈에 있어서 우수한 능력자인 스웨덴보그 같은 사람은 영계를 탐방한 경험을 갖고 있다.

사후의 세계란 결국 실제로 죽거나 또는 죽음과 같은 상태에서 영계 깊숙이 잠입하여 경험한 것만이 문제인 것이다. 그러나 그것이 과연 정당한 것인가가 증명되지 않으면 납득하기 어렵다.

스웨덴보그의 「나는 영계를 보고왔다」는 30년이란 장기간을 통해 정상적으로 건강한 그가 유체이탈하여 저 세상의 각 계각층을 견문한 기록을 종합한 것인데 당시로서는 입증할 수 있는 조건을 구비하고 있었으므로 유럽에 큰 파문을 던졌다. 그리고 현재 미국을 비롯하여 소련·영국·프랑스 등의 일반 과학자들이 방대한 예산과 연구진을 동원시켜 연구한 결과 그의 영계 경험이 사실이라는 것이 입증되고 있다.

이와 같은 '유체비행'은 대단히 엄밀하게 결정된 방법이라는 것을 영국인 에드워드 캘리톤과 미국인 실판 말톤이 1929년 「유체비행」이란 저서에서 기록하고 있다.

캘리톤은 그의 서문에서 유체비행을 몇 가지로 분류하고 있는데, 첫째는 수면 중의 것으로 의식이 완전히 깨어 있을 때의 육체와 유체가 완전히 합치된 상태이지만 수면 중에는 유체가 어느 정도의 차이를 갖고 육체에서 이탈하여 그 근처를 서서히 표류하고 있다. 이런 경우의 유체는 의식도 컨트롤 하지 못하고 있다.

이 같은 상태는 마취제를 사용하거나 실신상태일 경우에도 생기는데 이것은 '무의식적 또는 자연발생적 비행'이라는 것이다.

이와는 반대로 자기 의지에 의해 육체에서 이탈되는 것이 의식적 또는 자발적 유체비행인 것이다. 이 경우, 의식은 확실하므로 자기가 유체 속에 있다는 것도 자각하고 있다. 그러니까 먼저 자기가 빠져나온 육체의 모습을 볼 수가 있고 자유자재로 그 주변을 산책하면서 여러 가지 광경을 볼 수가 있다.

이 경우, 육체와 유체 사이에는 어떤 끈 같은 것이 있고, 이것이 절단되면 즉시 죽게 되지만 이 끈은 탄력이 좋아 신축성이 높다고 한다. 그리고 자기의 의지로 이탈, 비행하는 경우는 먼저 전신이 경직되는 것 같은 감각에서 시작된다.

다음에 자기가 유체로 옮겨졌다는 것을 알게 되는데, 이때 수평 상태에서 약 5미터 정도 위로 상승한다. 거기에서 천천히 머리가 올라가 자유스럽게 비행하게 된다는 것이다.

이 유체이탈에 대하여는 현재 과학자들에 의한 해명이 여러 가지로 시도되고 있다.

예를 들면 떼어 낸 잎을 고주파의 전계(典界)에 넣어 사진을 촬영하면 주위가 밝은 방사광선으로 둘러쌓여 있고, 잎의 표면에는 무수한 점들이 산재된 것을 볼 수 있다. 그러나 이들 빛이 수일이 지난 잎에서는 희미하거나 소멸되고 있다. 그러나 이 킬루리앙 효과[소련의 세미영 킬루리앙의 이름에 의한 것]는 코잉 등에서 대부분 볼 수 있다. 그러나 생명이 있는 것에서는 확실히 나타난다. 인간의 손 같은 부위는 건강상태에 따라 빛의 색이 변하거나 불규칙성이 나타나는 것으로 알려져 있다.

이러한 점에서 이 빛은 생명체가 가진 특수한 에너지에 의한 것이므로, 유체와 어떤 관계가 있는 것이 아닌가 하는 의견도 있으나 현재 분명하지는 않다. 그리고 어떤 다른 물리학적인 장치나 방법으로 유체이탈을 포착할 수 있는 실험도 행해지고 있으나 아직은 뚜렷한 결과가 없다. 그러나 과학적으로는 확증이 없으면서도 유체이탈이 실제 일어나고 있는 사실은 부정할 수 없다. 이것은 앞에서 제시한 각종 실례로 이해할 수 있다.

이밖에 미국 심령연구협회가 1970년대 초에 처음 유체이탈에 의한 프라이인 컨테스트라고 하는 재미있는 에피소드가 있으나 여기서는 생략한다.

다만 유체이탈이라고 하는 것도 '생명의 영원=심령의 존재, 또 영계의 존재'를 전제로 하지 않는 한 이해하기 어려운 설명하기 곤란한 것이 된다는 것을 강조하지 않을 수 없다.

살아서 유계를 보는 방법

이것은 유체이탈과 약간 다를지 모르나 일본 신동양의학종합연구소의 야마시다 소장이 '살아서 유계를 본다'라는 방법을 권장하고 있으므로 참고삼아 소개한다.

유계란 삶과 죽음의 경계이고 빛의 생명과 만나는 장소다. 참으로 그 경지에 도달하려면 장기간의 수련이 필요하지만 육체적, 정신적 건강에도 도움이 되기 때문에 몇 가지를 시도해 볼 필요가 있을 것이다.

[제1동작]=가장 기본적인 자세인데, 두 다리를 어깨 넓이로 벌리고 발끝은 안쪽으로 오무린다. 어깨 힘을 빼고 자연스럽게 선다. 반쯤 눈을 뜨고 호흡은 자연스럽게 호흡하는 것이 좋다.

[제2동작]= 팔꿈치에 의식을 집중하고 배꼽 앞에서 공을 품는 듯한 자세를 취한다. 이 공을 지구, 나아가서 더 큰 우주의 태극(太極)이라고 추정한다.

[제3동작]= 앞 동작과 같이 미골[꼬리뼈]에 의식을 집중시키고 아래부터 잡아끈다고 의식한다. 그리고 무릎을 가볍게 구부린다. 이 자세를 옆에서 보면 의자에 살짝 앉은 것 같은 자세인데 손에 공[지구]를 쥐고, 또 하나의 공 위에 앉아 있다고 의식하면서 이 자세를 3~5분씩 계속한다.

[제4동작]= 무릎을 펴고 근본 자세로 돌아가 머리를 야간 뒤로 기울게 하고 천천히 눈을 뜨면서 먼 하늘[대우주]을 30초간 보고 다시 눈을 반쯤 감고 머리를 원 위치로 회복한다.

[제5동작]= 이때 입안은 침으로 가득 차 있다. 3회에 걸쳐 이 타액[우주의 기]을 삼키고 이것을 배꼽 밑의 단전이라는 경혈에 보내 우주의 기를 배꼽 밑에 저축하도록 한다.

이것이 가장 근본적인 지구를 포용하면서 우주의 기를 마시는 '입정(入靜)'의 방법이고, 이 '기공법(氣功法)'을 아침과 저녁으로 반복함으로써 천상계(天上界)를 전부 볼 수 있다는 것이다.

죽음은 수행의 졸업증서

얼마 전 나의 신변에서 일어난 일을 소개할까 한다.

오랜 친구가 갑자기 쓰러졌다는 연락을 받고 허둥지둥 병원에 달려갔더니 그는 집중치료실의 병상에 누워 있었다. 병실 내의 잡균 침입을 막기 위해 문은 굳게 닫혀져 있었고, 역시 급함을 듣고 달려 온 친척과 관계자들이 유리 너머로 친구의 모습을 지켜보고 있었다.

한 사람에게 물었더니 병명은 뇌혈전이고, CT스캔 검사에 의하면 뇌의 우측이 시커멓고, 즉 뇌세포의 반이 죽어가고 있다는 것이었다. 의사의 말에 의하면, 뇌에 생기는 부종에 의해 뇌간부(腦幹部)가 압박되었을 경우 호흡 중추 등의 기능이 정지되어 곧 죽음에 이르는 극히 위험한 상태라는 것이었다.

어쨌든 병세가 안정될 때까지는 면회는 도저히 무리라고 하여 그날은 부득이 그대로 귀가했다. 연락을 기다리고 있으려니까 수일 후 간신히 소강상태를 유지하고 있다, 면회도 가능하다고 알려 왔다.

아무튼 옛날부터 아는 친구였다. 저 세상에서 다시 만날 수도 있겠지만 이 세상에서 만나고 싶다는 생각에서 또 병실을 찾아갔다.

침대에 누워 있는 그는 코나 입으로 튜우브가 꿰져 있었고, 거칠은 숨을 쉬고 있었지만 아직 의식은 있는 것 같았다.

"이봐, 나야."

하고 말을 걸었더니 쥐어짜는 목소리로 무언가를 호소하려고 했다. 몸의 우측 반이 마비되고 있었기 때문에 혀가 충분히 돌아가지 않고, 무엇을 말하고 있는지 확실치 않지만, 나로선 '아직 죽고 싶지 않다'는 심정을 한껏 표현하고 있는 것처럼 생각되었다.

"그래, 살고 싶단 말이지. 잘 알겠어, 하지만 허위적 거릴 것은 없네. 자네의 지금까지의 일생을 돌이켜 보게. 걸어 온 길을 뒤돌아 봐. 즐거운 추억이 가득 있을테지. 그것을 떠올리고 있으면 기분이 편해진다. 살든 죽든 그러고나서이다."

나는 큰 목소리로 한마디 한마디 끊어가며 느릿하게 말을 했다. 기분이 그래서인지 그의 표정이 진정된 것처럼 보였다.

나는 기회를 보아 이렇게 말했다.

"자네가 살지 죽을지 나로선 모르겠네. 하지만 비록 죽는다 하여도 그것은 이 세상을 졸업했을 정도의 것으로서 별것이 아니야. 나만 하더라도 이 세상의 졸업장을 서너 장이나 갖고 있지. 그것은 곧 죽어도 언젠가 이 세상에 다시 돌아오겠다는 의미야. 한 번밖에 살 수 없다고 생각하니까 무서워지고 겁나는 것일세. 몇 번이고 살 수 있으니까 걱정 말라구."

그랬더니 글쎄, 그의 거친 숨이 조금씩 잔잔해지고 고통에 넘친 표정이 잔잔해지는 게 아니겠는가.

그날을 고비로 하여 눈에 띄게 증상에 차도가 있었고, 생사의 갈림길에서 헤매고 있던 그는 현재 훌륭하게 사회 복귀를 하고 있다―고 하면 어떤 류의 종교 등이 장기로 삼은 기적담이지만, 나는 유감스럽게도 그와 같은 일을 일으키는 성자도 아니거니와 마술사도 아니다.

한 때는 말을 할 수 있기까지 회복했지만 그는 치료의 보람도 없이 약 2주일 뒤 이 세상을 떠났다. 그러나 그동안 그의 얼굴은 참으로 고요했었다고 임종을 지켜 본 그의 부인이 말했다.

아마도 이 세상의 수행 졸업장을 손에 쥐고 저 세상으로 갔을 게 분명하다. 생명 있는 자는 어김없이 죽음을 맞는다고 하는 엄연한 사실을 알고 있으면서 사람은 누구나 죽는 것을 겁낸다.

초목 혹은 동물처럼 조용히 죽음을 받아들이지 못하는 것은 온갖 욕망에 의해 꽁꽁 묶여 있기 때문이리라. 그리하여 또 죽음의 저편은 무(無)라고 하는 일견 합리적이라고 생각되는 사상에 지배되고 있기 때문이기도 하다.

아무리 예쁜 얼굴과 풍만한 육체를 자랑하는 여성이라 해도 화장을 하면 어디의 누군지도 모를 백골로 바뀌고 만다. 이런 허무함에서 죽음＝무(無)라는 결론이 도출되는 것이다. 허나 과연 육체가 소실되고 말면 인간은 존재할 수 없는 것인가, 대답은 '아니다'이다. 그것의 증명은 나중에 하겠다.

과연 죽음의 다음은 무일까? 역시 대답은 노우이다. 다만 그것을 증명하는 물증은 없다. 허나 물증은 없지만 많은 사람들이 죽음의 전방에는 이세상과는 다른 세계가 있음을 증명하고 있다.

과학적으로 증명된 유체이탈

유체이탈 현상은 모든 인간에 일어나는 일이다. 다만 보통으로 죽음의 순간 혹은 죽음과 가까운 체험일 때 일어나는 것이다.

죽음의 순간 유체(幽體)가 육체로부터 분리되는 광경을 꼼꼼히 기록한 사람들은 과거에 몇 명 있었지만, 소련 아카데미 생리학 연구소는 특수한 장치에 의해 유체이탈의 과정 촬영에 성공하고 있다.

그 필름엔 다음과 같은 광경이 수록되고 있다. 베드 위에 누운 환자의 심전도도, 뇌파 측정기도 정지된 순간부터 환자의 몸에 기묘한 현상이 일어난다.

몸의 윤곽과 같은 모양을 한 그림자가 발치로부터 머리 쪽 방향을 향해 오그라드는 것이다. 매미나 게, 새우 등은 허물을 벗지만, 그 그림자와 육체의 관계는 탈피 후의 껍질과 본체를 닮고 있다. 그런데 그런 그림자는 최종적으로 두부[머리]에 모인다.

얼마쯤 지난 뒤 지름 30㎝ 정도의 구형(球形)이 되어 두부로부터 외계로 흔들 흔들 하면서 나간다. 이 구형의 물체가 유체, 이른바 인간의 넋이라 생각되고 있다.

유체와 육체는 수많은 실 같은 것으로 매어져 있는데, 유체가 몸에서 빠져나갈 때에는 실 같은 것이 차례로 끊긴다. 이 실 모양의 물질은 육안으로는 보통 보이지 않지만, 특수 장치로 촬영하면 은색이며 강한 방사광선을 뿜고 있음을 알 수 있다.

또 영능자 등 특수한 능력을 갖고 있는 사람들에겐 반투명 상태의 희끄무레한 것으로 보이는 경우도 있다.

몸 밖으로 나간 유체는 공중을 자유롭게 비행할 수가 있지만, 사자의 경우는 본인의 상공에서 잠시 머물러 자기 자신의 육체를 굽어본 뒤 급속히 상승하고 하늘의 일각을 향해 날아간다. 일각이란 아마도 저승에의 입구라고 추측된다. 이렇듯 유체의 존재는 영상적으로 포착되지만, 물량적으로 포착하는 연구도 활발해지고 있다.

지금 바야흐로 죽음에 임하고 있는 자를 중량 측정기에 올려놓고 관찰하면 죽음의 순간 체중이 가벼워진다. 그러니까 무엇인지 몸에서 빠져나간 것이 되는데, 그 중량 변화는 약 35그램부터 60그램이라고 한다.

이것을 유체의 무게라고 생각해도 좋다.

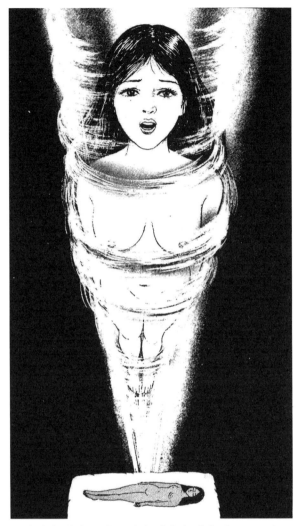

육체와 영체 그리고 내가 하나가 되어 나르는 모습

죽음의 순간 무엇이 일어나는가?

앞에서 말했듯이 죽음에 이르는 순간 인간의 육체와 유체, 영혼이 분리되는 일은 객관적 사실로 되어 있지만, 주관적으로는 어떻게 되는 것일까?

노벨의학상 수상자인 샤를르 리쉐박사(프랑스)는 최면 실험에 의해 사자 자신의 죽음 및 사후의 의식을 밝히는 일에 성공했다.

그 리포트를 토대로 하여 인간의 죽음과 사후의 경과에 관해 알아보자.

일반적으로 죽음이란 심장이 정지되고 다시 움직이지 않는 상태를 말하지만, 좀 더 정확하게 죽음의 정의를 해 보자.

현재 사람의 죽음 판단은 뇌사(腦死)를 갖고서 한다. 뇌사 판정 기준은 (1)깊은 혼수 (2)자발 호흡의 정지 (3)동공지름 4미리 이상 (4)뇌간(腦幹)반사 소실 (5)평탄 뇌파 (6)이상의 상태가 6시간 후에도 바뀌지 않는 경우의 6항을 충족하는 것으로 되어 있다.

여기엔 심장 정지가 포함돼 있지 않지만, 현재의 의학 기술에 의해 심장의 활동은 반영구적으로 계속시킬 수가 있기 때문이다.

그런데 이런 뇌사 기준에는 이론(異論)도 있어 좀처럼 의견의 통일을 이루지 못하는 것이 현실이다. 그래서 나는 생각하는 것인데 이런 기준에 유체이탈을 덧붙이면 거의 완전한 죽음을 정의할 수 있지 않을까?

물론 상태(常態), 혹은 죽음과 비슷한 체험 아래서의 유체이탈도 있지만, 육체 기능의 정지가 확인되고서의 유체이탈이라면 이는 틀림없는 죽음을 의미한다. 죽음에 있어서의 사람의 의식=주관적 죽음의 경과인데, 그것은 아래와 같은 상황이다.

죽은 순간 사람은 모든 감각을 잃는다고 했다. 의식이 소멸되므로 아픔이나 괴로움이 없어진다는 것인데, 진실은 꽤나 틀린다.

확실히 육체를 저미는 고통은 해소되지만, 유체 쪽에는 분명히 의식이 남겨져 있으므로 온갖 상념은 계속 품게 되는 것이다. 또 감성도 의식에 심어져 있으므로 갓 태어난 신선한 감성 상태로 돌아가는 것이다. 그러니까 인간 본래의 모습으로 되돌아가고 생활 속에서 몸에 지닌 감성의 때가 제거된다고 생각하면 된다.

극히 보통의 죽음일 경우, 사자의 둘레에는 의사를 포함하여 죽음을 지켜보는 사람들이 있다. 그들 중 어떤 자는 울고 어떤 자는 죽음을 애도하는 말을 던지고, 또 어떤 자는 멍하니 얼빠진 것처럼 되리라. 그런 사람들의 표정이나 움직임, 말과 같은 모든 것이 사자로선 분명히 이해가 되는 것이다.

이런 일은 사자 자신을 어리둥절케 한다. 자기가 죽었기에 그들은 슬퍼하며 한탄하고 있는 게 아닌가. 아니 개중에는 유산의 몫에 생각을 달리며 히죽 웃고 있는 자도 있지만, 그것을 내가 안다고 하는 것은 내가 죽고 있지 않다는 게 아닐까?

사자는 그렇게 생각하며 큰 목소리로 아직도 살아 있음을 호소하려고 한다. 그러나 목소리가 나오지 않는다. 손을 들어 신호하고 싶다.

확실히 손은 올라갔다. 그런데 현실로 손은 담요 아래 놓여진 채이다. 올라간 것은 유체 쪽의 손이었던 것이다. 그래서 사자는 생각한다.

아무래도 의식과 육체는 따로따로 된 모양이구나. 이것이 죽음이란 것인지도 모르겠다. 여기서 겨우 스스로의 죽음을 납득하는 것이다.

공중 높이 나르는 영혼

아마도 이 단계에선 유체이탈 현상은 시작되고 있으리라. 특수 장치의 촬영으로 말하면, 몸의 모양을 한 그림자가 수축을 시작하고 두부에 집중하기 시작했다고 하는 단계라고 생각된다.

사자 = 의식을 갖는 유체 쪽은 스스로의 죽음을 인정하지 않을 수 없는 상태이지만, 동시에 죽음이 그리 불쾌감을 주지 않는 것임을 알게 된다. 왜냐하면 죽음이 무의 세계가 아님을 알았기 때문이다. 생명 있는 사람과 코뮤티케이션을 갖지 못한 건 유감이지만, 그들의 영의 모든 걸 내다볼 수 있음은 마음 든든하다. 그리하여 문득 깨닫고 보니 자기의 속에서 이른바 세속(世俗)의 욕망이 없어져 있다는 게 유쾌하게 느껴진다.

욕심에도 갖가지가 있지만 죽음 직전까지 자기 자신을 괴롭히고 있던 생존욕이 거짓말처럼 없어지고 있는 것이다. 죽어버렸으니까 당연하다면 당연하지만 또 한편 죽음도 삶도 별로 다르지 않다는 인식이 욕심을 소멸시키는 것이다. 다만 금전욕, 성욕은 어떤 까닭인지 남아있는 일이 있다. 그런데 머리에 집중한 그림자가 너울너울 공중에 떠돌기 시작했을 무렵, 사자에겐 아득한 곳으로 부터의 부르는 소리가 들린다. 그 목소리는 투명하고 따뜻하며 다정하다. 만일 여신이 천상에 계신다면 그녀의 사랑으로 넘친 목소리일지도 모른다. 부르는 내용은 천계에의 유혹이다.

"당신은 이리로 오세요. 당신이 이제부터 거주할 장소로 안내해 드리겠어요."

사자의 유체는 그 소리에 이끌려 하늘높이 날아간다. 유체이탈의 맹렬한 스피드로 영혼이 솟아오르는 것이다. 그 도중 불쾌한 연속음이 울리지만 이것은 방황하는 악령들의 원한의 소리인지도 모른다. 이런 악령들은 천계의 문 있는 곳에서 들어가는 것을 거부당한 자들의 영이다. 이 영들은 이승에서 저승에 이르는 공간을 헤매고 있으며, 여신에 이끌려 상승하는 영혼을 부러워하고 자기 신세를 한탄하는 것이다. 그 신음 비슷한 소리가 불쾌음이 되는 것이리라.

이윽고 상승의 속도는 느려지고 유체는 안개로 덮인 세계에 도착한다. 안개로 쌓인 세계에는 몇 천, 몇 만인 사자의 영이 모여 움실댄다. 그들은 천계에의 입구로부터 안으로 인도되는 것을 기다리고 있는 것이다. 귀를 기울이면 문이 있다 싶은 방향에서 고요한 소리가 흘러나온다. 단아하고도 장중한 음악, 비유해서 말한다면 궁중의 아악이고 서양의 진혼가처럼 들린다. 사자의 영은 여기서 한숨을 쉰다. 아무튼 숱한 영들이 문을 들어가기 위해 줄을 서고 있기 때문이다. '이승'부터 '저승'으로 향하는 영의 수는 전세계에서 하루에도 엄청난 수에 달한다. 그런 영이 천계의 입구에서 조사를 받는 것이므로 시간이 걸리는 것도 당연하리라.

공중을 나르는 영혼의 모습

저승에서도 돈이 필요한가?

영계의 입구 언저리, 그러니까 유계의 마지막에 해당되는 부분의 풍경은 참으로 살벌하다.

흰 안개가 주위에 드리워져 있는 일은 이미 말했지만, 그 안개가 끊기는 틈을 타서 기웃거리면 일대는 광막한 사막과도 같은 모습이다.

아래가 땅이면, 위가 하늘이라는 확연한 경계가 없는 것이 지상계의 사막과 다르지만 푸른 나무가 있는 것도 아니고, 냇물이 있는 것도 아니란 점에선 마찬가지이다. 그런 으스스한 광경 속에서 숱한 유체, 사자의 영혼이 한무리로 떠져 있는 것이다.

그런데 이 같은 유체의 모습 모양인데 지상에 있어서 인간의 모습과 같은 것이다. 유체는 이를테면 매미의 허물과 같은 것이므로 인간의 모습을 하고 있는 것은 당연하지만, 한편 그림자와도 같은 존재이다. 따라서 빛이 비추는 각도에 따라 그림자의 모양이 바뀌는 것과 마찬가지로 임기응변, 모습을 바꿀 수가 있다.

애당초 육체로부터 이탈했을 때의 형태가 원구형(圓球形)이었음을 생각한다면, 변신(變身)의 능력이 있다는 것은 이해할 수가 있으리라. 그러나 영계의 입구에선 본래의 육체와 똑같은 형태이고, 이목구비도 손발도 고스란히 갖추고 있다. 아니 오해를 가져올 염려가 있으므로 좀 더 정확히 말하면, 생전에 몸 일부의 기능에 장해가 있든가 혹은 기관이 결손되었든가 해도 유계에선 본래의 정상적 모습으로 돌아가는 것이다.

그러면 선천적 기능 장해와 기관 결손은 어떤가? 이런 케이스도 모두 정상인 상태가 되어 있는 것이다. 그러니까 저승에서는 인간이 본래 있어야 할 모습이라고 했는데 복장과 관련하여 생각하면 된다.

태어난 그대로의 모습이라면 발가숭이라는 것이 되지만 유체는 모두 무언가의 의복을 걸치고 있다. 의복의 착용은 인간과 다른 동물을 구별하는 하나의 요소이므로 인간으로부터 비롯된 유체는 인간으로서의 몸가짐을 갖추는 것이다.

다음은 금전욕인데 이런 이야기가 있다.

아버지를 병으로 여윈 아가씨가 어떤 영매 능력자를 찾아가 아버지의 강령(降靈)을 부탁했다.

영매 능력자의 입을 빌린 아버지의 말에 의하면, 새 허리띠를 구하여 매고 있다고 한다. 어떻게 손에 넣었느냐고 물었더니 '돈으로 산다'는 대답이었다.

그녀는 아버지의 관 속에 돈을 넣어준 기억이 없어 이상하게 여기자, '이불 밑에 20만원이 있었다. 그것을 쓰고 있는 중이지.'라고 말했다.

그제야 비로소 딸은 생각이 났다. 아버지가 입원했을 때 의식불명의 상태였었지만 시중을 들고 있던 어머니가 비상금으로 20만원이 든 지갑을 이불 밑에 넣어 두었던 것이다.

저승에서도 약간의 돈은 필요한 모양이다. 주체못할 만큼의 돈은 필요치 않더라도 일용품을 구입할 만큼은 준비해 두는 편이 좋을 것이다.

옛날엔 장례식의 풍습으로써 잔돈을 관에 넣었지만 결코 까닭없이 그랬던 것은 아니며 또 '저승길도 돈나름'이라는 말도 의외로 신빙성이 있는 것인지도 모른다.

그런데 의복이든 돈이든 생명이 없는 물체이다. 이런 물체를 저승에 가져 가는 일은 가능할까?

아마도 현물 그 자체는 가져갈 수가 없겠지만, 유체가 육체의 그림자 같은 것임과 마찬가지로 물체의 그림자로써 혹은 카피로써 영계에 가져가는 일은 가능하다.

초심리학의 세계에서 물체의 순간 이동〔텔레포트〕의 연구가 진행되고 있지만, 이것은 물질을 원소 단위로 분해하고, 새로이 이동시킨 장소에서 분해된 원자를 다시 조립하는 작업을 말한다. 따라서 지폐를 구성하는 원자만 있다면 지폐의 카피(복제)를 영계에서 만드는 일도 가능한 것이다.

제 **4** 부
저승의 법칙

정령계에서 영계로

인간의 영혼이 죽음의 순간을 거쳐 유계를 지나 정령계로 이행하고, 또 다시 영계로 상승하는 모습에 대하여는 앞에서 대충 말한 그대로이나, 그렇다면 영계 그 자체는 도대체 어떤 상태일까?

죽은 자는 정령계에서 인간계의 갖가지 더러운 때를 씻고 근본 상태가 된다. 마치 잠수부가 깊은 바다의 물속에서 수면으로 올라오는 도중에 한번 쉬고, 수압의 조정을 하는 것과 마찬가지로, 죽은 자의 혼도 정령계에서 일단 제자리 걸음을 하고 혼의 조정을 하는 셈이다.

이 조정 기간은 개인차가 꽤 있어서 불과 얼마 안 되는 시간에 근본의 상태가 되는 사람도 있는가 하면, 장기간에 걸쳐 이 정령계에 머무르는 사람도 있다. 하지만 아무리 길어도 30년이 한도라고 한다.

또한 이 근본적이 된 상태[이것을 제2의적 상태(第二義的狀態)라고도 한다]가 완성되면, 마침내 영계로 이행하는 기회가 온다.

이 본질의 상태가 완성된다는 것은 죽은 사람의 성격·성정(性情)·성벽이 완전히 씻겨서 거짓말이나 허위나 꾸밈이 제거되고, 혼의 알맹이가 이른바 벌거숭이가 되고 마는 것을 뜻한다. 다시 말하면 가장 진솔한 상태로 되는 것이다.

그렇게 되면 어느 날 갑자기 거대한, 하늘에라도 닿을 듯이 높은 산들이 해일보다 더 빠른 속도로 죽은 사람의 눈앞에 밀려온다. 멀건이 서있는 죽은 사람 바로 앞에 까지 밀어닥친 깎아 세운 듯한 산들이, 순간 죽은 사람을 깔아뭉갤 듯한 요란한 소리를 내고 산꼭대기에서 밑바닥 까지 세로로 두 쪽이 나고 만다.

죽은 사람의 혼은 마치 무엇엔가에 빨려드는 것처럼 이 거대한 산의 갈라진 틈으로 들어가 버린다. 이것이야 말로 아득히 먼 영계로 부터의 초청인 것이다. 이 영계로 건너가는 모습은 서양에서도 동양에서도 마찬가지인 듯하다.

이렇게 하여 영계에서 실로 당겨지듯이 산의 협곡을 빠져 나가면 드넓은 물가가 나온다. 이것이 잘 아는 황천(黃泉)이다.

저 세상에 강이 있다는 것은 이 또한 서양에서도 동양에서도 고대로부터 일컬어지고 있는 것으로, 아마 영능력자들이 보는 저 세상은 고금동서를 막론하고 변함이 없는 것인가 보다.

내친 김에 말하겠거니와 일본에서는 이 황천을 배로 건넌다는 속설(俗說)이 일반 사람에게 널리 퍼져 있으나, 조사한 바에 의하면, 이 같은 관념이 생긴 것은 에도(江戶)시대 부터인 듯 하고, 그 이전에는 '배로 건넌다'고 하는 생각은 없었던 것 같다. 죽은 사람은 '몸'만으로 강을 건넜던 것이다.

헌데 하늘을 닿을 듯이 거대한 산의 틈바구니를 지나, 황천의 물가에 나온 죽은 사람의 혼은 다음에 어떻게 되는 걸까?

황천이라고 하지만, 이것은 강이라기 보다는 오히려 바다이다. 양자강이나 아마존 강처럼 건너편 기슭이 보이지 않는 드넓은 수면인 것이다. 본바탕 상태가 된 죽은 사람은, 이 수면 위를 걷기 시작한다. 눈에 보이는 것은 물 뿐인 수면 위를 아득히 먼 영계에서 잡아당기는 듯 걷기 시작하는 것이다.

그 모습은 마치 부활된 예수 그리스도가 수면 위를 걷고 있는 모습과 흡사할는지 모른다. 혹은 십만억토(十萬億土)의 저 쪽에 있는 극락세계로 길 떠나는 '저승의 나그네'와 같을지도 모른다.

하여튼 수면 위를 걷기 시작한 죽은 사람은 이윽고 수면으로부터 발이 뜨고, 마치 비행기가 이륙하는 것처럼 날기 시작한다. 속도가 차츰 더해지고, 어느덧 물 위를 UFO도 따르지 못할 속력으로 일직선으로 날아간다.

이렇게 하여 본바탕의 상태가 된 죽은 사람의 영혼은 정령계에서 영계에 이르는 것이다.

영계의 계층─선령계와 악령계

동서양을 막론하고, 세계의 심령학계가 공통적으로 인정하고 있는 사후의 세계 즉, 심령계(心靈界)에 대하여 일반적으로 7가지의 계층 구별이 보편화 되고 있다.

흔히 필자가 영계라고 하는 것은, 낮은 계층에서부터 올라가면 영계층·천계층·천상계(天上界)의 셋이다.

또한 이 위에 신계층이 엄연히 눈이 부실 듯이 높은 곳에 존재한다. 신계층도 영계라고 부르지 못할 것은 없으나 이곳은 아무튼 인간적인 영을 초월한 크나큰 존재가 계신 세계여서 도저히 흔히 일컫는 영계와 똑같이 다룰 수 없다. 이른바 우주 전체를 포함하는 초월적인 세계이다.

석가나 그리스도 조차도 천상계에 살고 있다고 생각되므로 신계층은 별격이라고 생각하는 편이 좋으리라고 생각한다. 헌데, 영계층보다 밑에 있는 죽은 뒤의 세계는 어떻게 되어 있는 것일까?

우선 정령계─ 이것은 이미 말했듯이 죽은 뒤 대부분의 사람이 영혼을 깨끗하게 닦는 세계이다. 또, 그 아래에 두 개의 지옥계가 있다. 보다 정확히 말하면, 그것은 두 개의 악령계로 하나는 부유계(浮遊界)로 불리는 세계이고, 또 하나는 가장 아래층의 지옥계(地獄界)인 것이다.

인간은 죽은 뒤 유계를 거쳐 정령계로 들어가나 생전의 이 세상에 집착과 원념을 강하게 남기고 있는 영혼은 정령계로 가는 일조차 거절하고 이 세상에 되돌아가서 유계를 방황한다.

자기를 죽었다고 생각하고 싶지 않은 것이다. 이것이 이른바 유령으로 부유령이 되었다가 지박령(地縛靈)이 되었다가 하면서 사람에게 빙의된다. 그러므로 빙의령이라고도 부른다. 이와 같이 성불되지 못한 악령이 떠돌아다니는 세계를 부유계(浮遊界)라고 말한다.

그것은 유계의 일부이지만, 근사사(近似死)체험자 따위가 통과하는 유계와 달리 결코 이 세상으로 돌아 올 수 없는 세계이며, 이 세상과 저 세상의 중간에서 악령이 방황하는 세계라는 뜻으로 부유계(浮遊界)라고 하는 것이다.

또한 악령계의 최하층이 이른바 지옥계이다. 지옥계는 자세히 보면 셋으로 나눌 수 있다. 스웨덴보그도 지옥계를 3계층(三界層)으로 구별하고 있다.

대과학자이며 대영능력자이기도 했던 스웨덴보그의 지옥의 견문 보고는 매우 신빙성이 높다. 그의 영계 체험이 얼마나 확실하며 믿을 수 있느냐 하는 것은 지금까지의 저서에서 자주 언급하여 왔으므로 여기서는 상세히 설명하지 않으나 필자 자신의 연구와 대조하여 보아도 스웨덴보그의 지옥관은 지지할 수 있다고 생각한다.

다음으로 영계, 곧 죽은 뒤의 세계의 각각에 대하여 설명할 셈이나, 그러기에 앞서 다시 한 번 영계의 죽은 뒤의 세계의 계층에 대하여 정리를 해 보기로 하자.

넓은 뜻에서 영계[죽은 뒤의 세계]는 7개의 계층으로 구분될 수 있다. 신계층(神界層), 천상계(天上界), 천계층(天界層), 영계층(靈界層), 정령계(精靈界), 부유계(浮遊界), 지옥계(地獄界)이다.

그 가운데 정령계를 정령(淨靈)하는 과도기적인 세계라고 한다면, 영계층, 천계층, 천상계의 셋을 흔히 '영계'라고 부르고, 여기에 신계층을 더한 넷을 '선령계'라고 부를 수 있다.

이에 대하여 부유계(浮遊界), 지옥계(地獄界)'의 둘을 '악령계'라고 부른다.

부유계(浮遊界)는 이 세상에 원한이나 집착을 남기고 유계에서 떠나려고 하지 않는 방황하는 악령들의 세계이며, 지옥계는 정령계에서 영혼에 매달린 앙금이나 군더더기를 떨쳐버리고, 드러낸 알몸의 혼이 된 것이 자기의 본성, 이른바 근본적인 악령 정신에 따라서 스스로 자진하여 떨어지는 세계인 것이다.

과연 죽으면 끝인가?

'죽으면 그만이지 그 다음은 없어.'

이렇게 말하는 사람들이 흔히 있다. 필자의 친구 중에도 그와 같은 사람이 있었다. 이 일은 여기저기서 이야기하기도 하고 쓰기도 하였으나 그 친구는 자기가 불치의 병이라는 걸 알자 실로 보기 싫을 정도로 이성을 잃었다.

병원에 입원한 뒤에도 '무서워, 무서워'란 말이 입에 올랐고, 처음에는 화장실에서 변기의 물을 쏴— 내리면서 흐느껴 울곤 하였으나 그러는 사이에 죽음의 공포에 견디지 못하고, 방 밖의 사람에게도 들릴 만큼 큰 소리로 통곡하기에 이르렀다.

'죽으면 그만, 그 뒤는 재가 되어 사라질 뿐'이라고 생각한다면, 사라질 준비와 신변 정리를 하면 되는 게 아닐까 하고 생각될 터인데, 몹시 보기 흉하게 마음의 갈피를 잡지 못하고 있었다.

필자가 죽은 뒤의 세계와 영혼에 대하여 관심을 갖게 된 동기의 하나는, 이 친구의 죽음을 앞에 두고 당황해 하는 꼴을 보고서였다. 나는 이렇게 비참하게 당황해 하고 싶지 않다고 생각했기 때문이다. 헌데 죽은 뒤에는 재가 되어 사라질 따름이라고 생각하는 사람이 죽음을 '무섭다'고 두려워하는 건 어째서일까? 한 가지 이유는, 이 세상에 아직도 할 것이 있다. 미련이 있다라고 집착하고 있기 때문일지도 모르나, 또 한 가지의 이유는 만약 자기가 품었던 신념과는 달리 죽은 뒤에도 자기의 영혼이 생존한다고 하면, 자기는 도대체 어떻게 되는 걸까? 어떻게 하면 좋단 말인가, 하고 마음의 준비가 되어 있지 않은 탓도 있을 것이다.

진정으로 '죽으면 그만'이라는 각오가 되어 있다면 이 세상과 자기의 관계는, 어느 순간[이른바 죽음의 순간]을 경계로 일체 사라지고 마는 것으로 조금도 당황해 할 게 없다. 좋다, 나쁘다하는 건 별 문제로 치고, 에페크로스와 같이 '내가 지금 존재하고 있는 한 죽음은 존재하지 않고 있고, 죽음이 바로 왔을 때는 나는 이미 존재하지 않는다. 그러므로 죽음은 무서워할 필요가 없다.'

이렇게 단언하고 각오를 단단히 한다면, 그것은 그것 나름대로 훌륭한 것이다. '죽고 말면 그 뒤는 소멸될 뿐' 이 같은 생각 방식에 철저해지면 '나중에는 산수갑산을 가건 말건' 이런 무책임한 생각이 드는 건 뻔하고, 그렇게 생각한다면 조금도 당황해 할 필요도 없고 죽는 것을 걱정할 필요도 없어질 것이다.

'아냐 그렇지가 않아. 인생에서 하다가 미처 못다한 것이 있다는 게 원통한 거지.'

이렇게 말하는 사람에게는 이런 비유가 온당할 것이다. 인생이란 초대 받아서 참석한 파티와 같은 것이다. 당신은 결코 스스로 회비를 지불하고 난 뒤에, 이 파티에 참가한 게 아니다. 말하자면, 공짜로 주최자가 준비한 자동차로 영접을 받고, 더욱이 호화스러운 파티 자리에 참석한 것이다.

그와 같은 파티 석상에서 '못다 한 일이 남아 있다.' 이렇게 말해도 그것은 맛있는 요리가 남아 있는 걸 모두 다 먹기 전에 배가 부른 것과 비슷하여 어쨌든 남은 요리는 버려질 운명에 있는 것이다. 설령 남이 먹는 것의 3분의 1도 미처 못 먹었는데 중간에 복통이 났다고 하여 파티 주최자에게 '이 요리를 가져가도 되겠습니까?' 이렇게 말하는 어리석은 참석자는 아마도 없을 것이다. 파티의 취지[인생의 의의]는 요리를 먹을 것[자기의 욕망만을 채울 것]에 있는 게 아니라 파티를 통하여 무엇인가를 축하한다, 혹은 참석자끼리의 친분을 두텁게 한다.[남의 행복에 기여한다]는 데 있기 때문이다.

인생에 미처 못다 한 일이 남아 있는데 벌써 죽음이 가까이 다가 왔다고 하여 비탄에 젖어 슬퍼하는 사람은 이 파티의 요리를 남기고 억울해 하는 사람과 흡사하다. 꼴불견이다. 또한 죽으면 그만이라는 생각에 대하여도, 진정한 의미에서 각오가 되어 있지 않은 것이다. 현실로서 죽음을 눈앞에 두면 누구나 마음이 흔들린다. 그 흔들린 마음의 틈을 타고 '만약 죽은 뒤에도 혼이 남는다면…' 하는 지금까지의 생각조차 하지 않았던 의문이 생긴다. 죽음에 임한 살인범 같은 게 그 좋은 본보기라고 할 수 있다. 이야기가 잠시 옆길로 샜으나, 생전에 살인 같은 범죄를 저지르고, 죽은 뒤 지옥으로 떨어진다는 경우 어째서 지옥으로 떨어지는 건지 생각해 보기로 하자.

어째서 지옥으로 떨어지는가?

그리스도교나 불교 같은 종교에서는 죽은 뒤에 심판을 받고 생전의 소행에 따라 천국[혹은 극락]이나 지옥으로 간다고 가르치고 있다.

불교의 언어로 말한다면 '선인선과(善因善果)' '악인악과(惡因惡果)'의 '인과응보(因果應報)'라는 것이 될 것이다. 물론 그리스도교와 불교와는 생각하는 방법에 차이가 있어서, 그리스도교에서는 어디까지나 '신의 심판'이 마지막으로 천국과 지옥을 결정한다.

하지만 불교에서는 원래 심판자를 필요로 하지 않는다. 염라대왕은 어디까지나 후세의 속설에서 생긴 심판자이지, 본래의 불교에서 생각하는 방식으로 본다면 자업자득― 다시 말해서 자기가 저지른 소행이 그대로 내세를 결정한다고 하는 일종의 객관적인 인과율에 따르고 있는 것이다.

그와 같은 차이는 있더라도 생전의 행동이 죽은 뒤의 방향을 결정한다고 하는 것이 지금까지의 종래의 사고방식이었다. 하지만 스웨덴보그는 그렇지 않다고 말한다. 정령이 된 죽은 사람은 스스로 선택하여 지옥으로 떨어지는 것이라고 한다. 억지로 가는 게 아니라, 오히려 기꺼이 지옥으로 간다는 것이다.

또한 필자도 이 생각이 사실에 가까운 것이 아닌가 하고 생각한다. 사람의 마음은 선도 악도, 그리고 갖가지 앙금이나 군더더기도, 가득 몸에 붙이고 있어서 자기로서도 스스로의 본심을 잘 모를 때가 있을 정도이다. 하지만, 죽은 뒤 유계를 거쳐 정령계로 가고, 혼이 벌거숭이가 되고 말면, 그 본성이 나타난다.

그 본성이 악이었던 악령은, 영계=선령계로 가기를 싫어하고 기꺼이 지옥계로 떨어지는 것이다. 물론 이 세상에서도 이와 같은 악령은 살인 같은 흉악한 소행을 저지른다.

그 결과 정령계에서 영혼을 순화시키면 악령의 본성을 자각하고 스스로 자진하여 지옥계로 가고 싶어 한다는 것이다. 그것은 이 세상에서 지옥으로 가고 싶다고 생각하느냐 아니 하느냐 보다는 가공할 만한 악업 속에 그 본성이 숨어 있다는 점이 중요한 것이다.

물론 본의 아니게 살인을 저지르는 사람도 있을 것이다. 본성이 선이었어도 이 세상에서 그와 같은 본의 아닌 소행으로 몰리게 된 사람도 아주 없는 건 아닐 것이다. 다음 세상에서 진심으로 뉘우치고 남을 위해 봉사하기 위하여 전생에서의 잘못을 무(無)로 돌릴만한 본래의 선량함을 갖추고 있는지 어쩐지 하는 게 정령계에서 여실히 씻겨져 나오는 것이다. 또한 반대로, 물질적으로 남에게 위해를 가하지 않았어도, 정신적으로 악을 충동질하는 사람도 있을 것이다.

이와 같은 사람의 혼도 정령계에서 벌거숭이가 되는 것으로서 자기의 본성을 스스로 깨닫고, 스스로 악령계나 또는 선령계를 선택하게 된다. 그러므로 지옥계로 떨어지는 영혼은, 자기의 본성(本性)에 따라서 스스로 선택해서 떨어져 가는 것이라는 무서운 사실을 명심해 주기 바란다.

하지만, 자기의 본성이 선일까? 아니면 악일까? 정령계에서 정화 되어 악의 본성이 나타나면 어떻게 하나 하고 두려워 할 일은 아니다.

적어도 영계의 존재를 믿고 높은 영계로 올라가기 위하여 항상 노력하는 사람에게 악령의 본성이 숨어 있을 리는 없으니까 100% 안심하여도 된다고 생각한다.

지옥계의 모습은 어떠한가?

그렇다면 지옥계란 도대체 어떤 곳일까?

앞에서도 말했듯이 지옥계는 또 다시 3개의 계층으로 나눠진다. 위로부터 1계층(一界層), 2계층(二界層), 3계층(三界層)으로 3층을 이루고 있다.

물론 아래로 가면 갈수록 영계의 태양으로부터 멀어지는 셈이니까 차츰 빛을 잃고 어둡고 축축하고 악취가 코를 찌르는 추잡하고 무서운 세계로 되어가는 것이다.

1계층(一界層) 지옥

이 지옥층에서는 아득히 먼 곳이지만 영계에서 태양의 희미한 빛이 엷게 비친다. 하지만 그 빛은 너무도 먼 하늘 위에 있고, 머리 위에는 늘 어두운 검은 구름이 항상 끼고 있어서, 숨겨지고 보이지 않을 때가 많다. 황혼이라기보다 해가 지기 직전의 엷은 어둠이라는 느낌이 훨씬 가까운 표현일 것이다.

그런 속에서 풍경을 바라다보면, 마치 전쟁 직후의 황량한 초토와 같은 모습을 띄우고 있다. 여기 저기에 자갈산이 있고, 그 사이에 길 같은 것이 보이나, 마치 그대로 유령 도시이다.

그곳에는 사람의 생기나 활기라곤 전혀 찾아볼 수 없다. 하지만 금방이라도 무너질 듯한 벽돌과 썩은 냄새를 풍기는 오막살이에 영들은 살고 있다.

영들의 추한 꼴이란 구역질이 날 정도다. 검푸른 얼굴, 때와 기름으로 범벅이 되어 달라붙은 머리, 고름이 터진 부스럼 투성이의 피부, 어둡고 날카로운 눈빛, 흉하게 일그러진 입가, 온몸에서 내뿜는 악취. 하지만 영들은 자기의 그 같은 추악함을 전혀 마음에 두지 않을 뿐만 아니라 오히려 만족하고 있는 듯한 느낌조차 든다.

그들의 어떤 자는 잔악한 투쟁욕에 불타 있고, 또 어떤 자는 썩은 육욕에 몸을 내맡기고 지칠 줄을 모른다. 더러운 영끼리 적의를 드러내 놓고 서로 상처를 입히고, 잔인한 행위를 한없이 계속한다.

A는 B에게 강탈당하고, B는 C에게 찔리고, C는 D에게… 이러한 끝없는 연쇄적이고 비통한 난투가 끊임없이 되풀이 된다.

한편, 서로 도깨비처럼 무서운 남녀의 영이 열정을 드러내 놓고 썩은 살을 뒤엉키게 하듯이 한도 없는 섹스를 계속하고 있다. 그것은 남자에게 있어서나, 여자에게 있어서나 쾌락이 아니라 일종의 고문이다.

그 한심한 모습은 짐승만도 못하다. 인간계에서는 신사·숙녀의 가면을 쓰고 있었던 색정광(色情狂)들이 지옥계에서 본성을 마

음껏 만족하려고 할 때, 고름투성이의 불결한 육체를 겹쳐서 한
도 끝도 없는 난교지옥(亂交地獄)으로 빠지고마는 것이다. 영들이
스스로 바랬다고는 하나 그 처절하게 끝없이 육을 혹사하는 꼴이
란 그저 허망하기만 할 따름이다.

2계층(二界層) 지옥

이곳은 보다 더 어둡고 축축한 지옥층이다. 이 세상에 대해 말
한다면 기껏 별빛 정도의 밝기 밖에 없고 거의 빛이 닿지 않는
세계이다. 그래도 악령들에게는 환한 듯 밖에 나가면 눈이 부신
듯하며 조금이라도 빛만 있으면 피하고 어둠을 찾는다. 그러므로
주거도 동굴뿐인 보잘 것 없는 곳이다.

이 세계의 공기 자체도 진득거리는 습기를 띄고 있는데, 그들
은 더욱 질척한 동굴 주거에서 살고 있다. 이 세계 전체에 심한
악취가 있어서 보통 사람이라면 1분도 못되어 토할 지경이 될 것
이다.

악령의 모습은 인간이라기보다는 일종의 파충류와 같다. 그
침침한 눈초리만이 간신이 인간의 흔적을 남기고 있다. 야릇
한 냄새를 풍기고, 생리적인 혐오감을 자아내게 하는 그 모습
은 그들의 더러운 인격이라기보다는 영격(靈格)을 반영한 것
으로 시기심과 질투심과 증오하는 마음, 또는 교활함과 비겁
함과 기만성이 만들어 놓은 소행이다.

그들은 서로 접촉할 일이 없다. 전혀 자기의 껍질 속에 쳐박혀

서 아무하고도 교섭을 하지 않는 듯하다. 하지만 조금 떨어져 있으면서도 이웃을 함정에 빠뜨릴 기회를 노리고 있다. 그 사이 파충류처럼 음습한 마음속으로 상대를 더할 수 없이 미워하고, 의심에 가득 차 경계하고, 또한 사소한 일에도 질투를 한다. 그것은 자학함으로서 자기의 혼을 불태우는 행위이다.

이런 쓸데없고, 막대한 시간의 낭비와 무의미한 자학 행위야말로 그들의 혼의 본성이며, 또한 스스로 선택한 숙명인 것이다.

어느 한 순간, 어떤 악령이 여느 때에 시기하던 상대방의 틈을 노리고 있다가 번개처럼 덤빈다. 둘은 진흙 늪 속에서 떴다 가라앉았다 하며 악귀와 같은 형상으로 사투를 되풀이 한다.

그들의 비굴하고 열악한 혼은 바닥이 없는 늪의 진흙을 꿀꺽꿀꺽 삼기며 그야말로 끝없는 자학의 늪으로 가라앉고 만다.

3계층(三界層) 지옥

3계층의 지옥은 칠흑같은 암흑의 세계이다. 이 어둠의 세계는 살에 찰싹 들러붙을 정도로 칙칙한 습기로 덮여 있다. 더욱이 그 습기는 살 썩는 냄새보다도 더 지독한 악취를 포함하고 있고, 언제나 소리없이 안개처럼 위에서 흘러내리고 있다.

이 세계의 어디를 가도, 바로 앞이 보이지 않는 칠흑의 어둠과 칙칙한 습기와 코를 찌르는 악취에서는 절대로 도망칠 수 없다. 더욱이 완전히 격리된 고독한 지옥계이다. 불교에도 고독지옥(孤獨地獄) 또는 고독옥(孤獨獄)이라고 불리우는 지옥이 있으나 여기가 바로 그렇다.

이와 같은 바닥이 없는 늪의 진흙 속에 혼자 남겨진 듯한 세계에서는 자기가 존재하고 있는 건지 어쩐지 조차도 확실치 못하게 느껴진다.

그곳에서 손끝으로 혹은 손으로, 자기의 몸을 만져보거나 소리를 내보거나 한다. 하지만 그것도 몇 번이고 몇 번이고 되풀이 되는 가운데 확실한 것은 아니라고 하는 불안에 싸여, 자기가 존재한다는 감각이 차츰 흐려져 있다.

고독지옥 속에서 '누군가 대답 좀 해라!' '누군가 나 좀 만져 봐라!'하고 소리치고 있지만 물론 대답을 할 까닭도 없다. 마지막에는 미친 듯이, 암흑의 어둠 속을 헤매며 걷는다. 그것은 기절할 정도로 오랜 시간 동안 계속된다. 하지만 이 어둠의 고독에서 탈출할 방법은 없다.

또 마음속에서 '죽고 싶다'고 원한다. 하지만 지옥계에는 죽음이라는 것이 없다. 죽는 것조차 허용되지 않는 세계인 것이다. 죽음의 충동에서 자기의 몸을 상하게 하기 시작한다. 그것은 동시에 존재하고 있다는 확증을 얻기 위한 행위인 것이다.

자기에게 상처를 입히고, 살을 물어뜯고, 뼈조차 부숴버리고, 자기가 틀림없이 존재하고 있다는 것을 확인하려고 한다. 결국에는 괴로워 신음하면서 자기의 살을 먹고 뼈를 씹는다.

그것은 '죽고 싶다'고 하는 충동과 '자기는 틀림없이 존재하고 있다'고 하는 기쁨이 표리일체가 된 그로테스크하면서 기묘한 행위이지만, 어떠한 고통과 고뇌에 몸부림을 쳐봐도 결코 죽음에 이르지는 못한다.

자기가 흘린 피바다 속에서 신음을 하는 그야말로 지옥이다. 악령의 가장 비참하고 가장 한심한 모습이 바로 이것이다. 그것은 영의 본성이 아집, 지나친 자기 사랑의 극한적 잔혹무비한 배타성, 다시 말해서 '자기 한 사람의 욕망을 만족시키기 위해서는 남 또는 남들을 말살해도 좋다'고 하는 망녕된 고집이 있기 때문에, 영 스스로가 자기의 본성에 걸맞다고 자초하고 있는 것이다.

분명히 잔혹하기 까지 한 배타성을 지닌 영에게 있어서는 고독만큼 가장 합당한 상태는 없을 것이다. 하지만 그 실상이야말로 이와 같은 것이다.

부유계(浮遊界)의 모습은 어떠한가?

지옥계를 영계의 제1층이라고 한다면 제2층은 부유계이다. 이 것은 지옥계와 마찬가지로 악령계에 속하지만, 어느 의미에서는 지옥계보다도 처치가 곤란한 영계이다. 까닭인즉, 부유계라는 사후의 세계는 우리가 사는 이 세상과 접해 있기 때문이다.

접해 있다기 보다는 오히려 이 세상 그 자체 속에 있기 때문이다. 엄밀히 따지면 이 세상과 저 세상과의 중간 세계, 이른바 유계를 방황하는 악령의 세계가 부유계(浮遊界)라고도 할 수 있으나 유계란 본래 이 세상에서 정령계로 가는 통로 비슷한 곳으로 원래는 영이 사는 세계가 아니다.

그것이 성불이 되지 못한 악령[길 잃은 영]에게는 이 세상에 대한 집착과 미련을 이어 주고, 저 세상에서 이 세상으로 역류하기 위한 안성맞춤의 통로가 된 것이다.

유계에서는 죽은 뒤의 인간은 아직 인간계에 있었을 때와 같은 모습을 하고 있다. 다시 말해서 5체(五體)를 다 갖추고 있다. 그러므로 사고나 살인을 당하여 갑자기 죽은 사람은, 좀처럼 자기가 죽은 것을 납득할 수 없다.

이 세상에 대한 집착도 미련도 상당히 강하게 남아 있다. 그

탓으로 마중 나온 영이 와도, 그 영을 따라서 가려고 하지 않는 것이다. 정령계로 가는 것조차도 거부하고, 자기가 죽은 [살해 당한] 장소에 달라붙는 것을 흔히 지박령(地縛靈)이라고 한다.

마찬가지로 정령계로 가기를 거부하고, 유계에서 이 세상으로 자주 나타나서 이곳저곳을 헤매 다니는 길 잃은 영을 부유령이라고 한다.

어느 것이나 이 세상의 공간을 부유하며 산 사람에게 붙어 자기와 꼭 같은 꼴을 당하게 해주려고 호시탐탐 노리고 있는 것이다.

가까운 사람에게 누를 끼치는 것도 대단하지만, 이렇게 산 사람에게 실리는 영은 자기의 집착심과 원한에 눈이 뒤집혀, 남을 불행하게 하려고 하는 악령이니까 산 사람으로서도 대책을 세울 필요가 있다.

거기에 대한 첫번째 대비책은, 평상시부터 이 같은 악령에게 빙의되지 않도록 항상 수호령(守護靈)과 대화를 가질 것, 마음가짐이 좋으면 수호령님도 강력하고 영격(靈格)이 높은 분이 한편이 되어 주시게 된다. 차선책은 빙의가 되었으면 영능력자의 힘을 빌어서 제령을 받는 일이다.

이와 같은 악령에게 빙의가 되는 것은, 피해자인 인간 측에도 어떠한 약점이나 결점이 있는 경우가 많으므로 충분히 주의해야 될 것이다.

영계층은 어떻게 생겼는가?

　정령계에서 본바탕의 상태가 완성되고 영계층으로 떠나는 모습은 이미 말했다. 그러므로 여기서는 영계층에 도착한 다음의 상황을 보기로 한다.

　영계층은 하늘도 땅도 새빨갛다. 또한 정적의 세계, 장엄한 세계가 널리 펼쳐져 있다. 천리 앞 먼 곳에 바늘이 떨어져도 그 소리가 들릴 듯한 고요함이다. 생명의 불꽃이 꺼진 듯한 세계이다. 적적하다. 망막하다. 이것이 영원한 죽음의 세계이다. 누구나 그렇게 느낄 것이다.

　하지만 이 영계층의 한 모퉁이에 서 있는 영인〔영혼〕의 마음에 문득 희미한 아련한 따스함이 깃든다. 그것은 아득한 옛날 어머니의 품에 안겼을 때에 느낀 것 같은 아득한 그리운 감정이다.

　그러자 붉고 광대한 세계의 아득히 먼 저쪽, 붉게 물든 하늘과 구름과 산의 능선이 하나로 녹아버린 머나먼 곳에서 희미하게 약한 빛을 내는 하나의 작은 광원(光源)이 모습을 나타냈다.

　태양이다!

　영인의 마음에 반갑고 그리운 따스함이 펼쳐진다. 태양! 영원한 생명을 키우는 사랑의 원천이 지금 자기를 향하여 빛나기 시작한 것이다. 구원! 이것이 구원인 것이다. 아, 나의 영혼을 구원을 받은 것이다.

이 순간 누구나 감동으로 몸을 떨게 틀림없다. 죽은 뒤 영혼이 되어, 몇 몇의 세계를 거쳐 도달한 이 영계에서 하염없이 큰 감동에 쌓여 목소리를 떨며, 진심으로 흐느껴 울 수 있는 것은 바로 이 순간인 것이다. 영계의 태양은 마치 이렇게 말하는 것 같다 ―그래, 그래 울어라. 그대는 이제야 구원을 얻었느니라. 그대의 혼은 이제야 내게 안겨 영원한 구원의 세계로 돌아온 것이니라, 하고.

영계의 태양은 기묘하게도 늘 자기의 가슴 높이에서 빛나고 있다. 더욱이 자기가 어느 방향으로 얼굴을 돌리건 항상 정면에 자리하고 있는 것이다.

영계의 태양을 향하여 감동에 젖어 있자니, 그것에 응답이라도 하듯 자기의 이름을 부르는 소리가 들린다. 그것은 아득히 먼 곳에서 들려왔다고 생각했으나, 문득 정신을 차려보니 누군가 옆에 서 있다. 그 망망하고 한적하기 그지없는 고독한 천지에 마치 하늘에서 내려온 듯이 누군가 나타난 것이다. 그것이 마중 나온 영인이다.

이렇게 하여 마중 나온 영인과 함께 영계의 태양을 향하여 걷기 시작한다. 이윽고 큰 산의 꼭대기에 서니 눈 아래 장대한 경치가 펼쳐진다. 어디까지나 펼쳐져 있다. 인간계에는 지평선이 있고 수평선이 있었으나 이 장대한 경치에는 한계가 없다. 잃어버린 지평선이며 잃어버린 수평선이다.

이 영계층(靈界層)은 실로 광대무변이라고 밖에 달리 표현할 방도가 없는 세계이다. 억지로 말한다면, 전체가 하나의 큰 분지를 이루고 있다.

왼쪽의 아득히 먼 곳에, 몇 만 미터인지 알 수 없는 높이의 얼음을 머리에 인 연산(連山)이 하늘을 뚫을 듯이 높이 솟아 있다. 어디까지나, 어디까지나….

분지의 중앙 가까이에는 반짝 반짝 빛나는 바다와 같은 빛이 펼쳐져 있다. 그 오른 쪽에는 자연 그대로의 짙은 초록빛과 붉은 색이 도는 사막에서의 바위산이 아름다운 무늬를 만들고 무한히 뻗어 있다. 맑게 흐르는 냇물이 있고, 골짜기가 있고, 높고 낮은 언덕이 있다.

그 사이에 인간계에서의 촌락처럼 무수한 〔글자 그대로 수 없이 많은〕 마을들이 있다. 몇 천, 몇 만, 아니 몇 억이나 되는 마을들이 자리하고 있는 것이다.

하나의 마을에는 50호에서 500호 정도의 단위로 영인이 살고 있다. 그 마을들의 하나 하나 마다 마중 나온 영인이 안내를 해 준다. 그 마을이야말로 자기의 혼이 인간계에 태어난 이래, 잠재 의식 속에서 한결같이 돌아가기를 원하고 있던 영계마을인 것이다.

또한 그 마을의 주인이 한 사람도 빠짐없이 기쁨에 찬 소리를 내며 마중을 나와 있었다. 더욱이 이 마을 사람들을 둘러보니, 모두가 자기와 같은 성격·취미·기호를 갖고 있고, 진정 아무런 부담 없는 자기의 분신과도 같았다.

마을 사람끼리의 친밀함은, 그러니까 인간계의 부모 형제간의 사이보다 훨씬 다정한 것이고, 인간계에서는 상상도 할 수 없을 것이다. 이것이야말로 진정한 친구, 진정한 가족이라는 것이다. 이렇듯 마음 쓸 필요가 없는 친구끼리, 자기의 재능을 충분히 발휘할 즐거운 일이나 취미에 몰두하여 실증을 느낄 줄 모른다.

예술가는 예술가 끼리, 기술자는 기술자들 끼리, 스포츠맨은 스포츠맨 끼리, 각각의 마을을 만들고 있는 경우가 많으므로 모두의 의견은 곧 일치된다.

가까운 예로, 인간계에 나타나는 천재들은 반드시 라고 해도 좋을 만큼 영계에 그 뿌리를 내리고 있다. 설령 음악가이건 화가이건 시인이건 과학자이건 모두가 그렇다. 그들이 영계에서 닦은 재능이 어떤 사명을 띄고 인간계로 태어났을 때 표면으로 나타난 것에 지나지 않는 것이다.

영계의 마을에는 반드시 촌장이 있어서, 마을은 촌장의 집을 중심으로 원형으로 배치되어 있다. 이 촌장에게는 몇 가지 역할이 있으나, 그 중의 하나는 지옥계로 떨어진 악령들이 영계의 땅 밑에서 기어나와 대거하여 밀려드는 경우 — 이따금 그런 일도 있다 — 각 촌장들이 그 강한 영력(靈力)으로 그들을 쫓아 보내고 마는 일이다.

또 한 가지 역할은, 자기 마을의 영인이 또 다시 인간계로 태어나게 된 경우 함께 배웅을 해 주는 일이다. 그 때 촌장은 그의 의식을 모조리 잠재의식으로 떨어뜨리고, 영인으로서의 기억을 잊게 하여 주는 것이다. 그렇게 함으로써 태어날 때의 고통을 덜어

줄 수 있고, 동시에 인간계에서 수양을 쌓을 목적에 적합하도록 해주는 것이다.

헌데, 인간계로 재생하는 김에 언급해 둘 일은, 이것은 반드시 영계층의 일은 아니나 보다 상위 영계의 영인이 최고로 높은 신계층에서 사명을 받고 인간계 전체를 구제하기 위하여 인간계로 재생하는 경우 영계에서의 기억을 지닌 채로 인간계로 보내지는 수가 있다.

이 때에는 태어나는 고통을 정통으로 받으나, 그것을 견디고 태어나는 것은 자기의 사명을 잊어서는 안 되기 때문이며, 그리스도와 석가가 그랬었다.

이 점에 있어 영계층의 일반 영인이 개인적인 수업을 쌓기 위한 목적으로 보내지는 것과는 큰 차이가 있다고 할 것이다.

천계층 · 천상계 · 신계층의 구조

　지금까지 말한 영계층의 모습은 우리들 보통 사람들에게는 가장 가까운 영계로 생각되었으므로, 꽤 상세하게 설명을 하였으나 그 위의 천계층(天界層)에 있는 신계층(神界層)에 대하여는 다른 저서에서도 여러 곳에서 말하였으므로, 이곳에서는 요점만을 말하고 싶다.

　우선 천계층인데 이곳은 영계층의 더 높은 상공에 있고, 그곳에는 엷은 황금빛의 공기의 막 같은 것이 둘러쳐 있다. 또한 영계층과 마찬가지로 개울이니 계곡, 언덕이 펼쳐져 있는 걸 볼 수 있다.

　천계층은 다른 이름으로 천사요원층(天使要員層)이라고도 부른다. 이 천계층으로 올라가는 길은 정령계에서 영계층으로 거쳐 천계층이라는 게 아니라 정령계에서 곧바로 천계층으로 직행하는 것 같다. 그런 뜻에서도 정령계는 진로를 결정하기 위한 대기 장소와 같은 것으로, 한편에서 지옥계로 가기를 결정하는 사람이 있는가 하면, 그대로 인간계로 되돌아 갈 수밖에 없는 사람도 있고, 다른 곳에서 영계층으로 갈 것이 정해지는 사람도 있고, 보다 높은 천상계로 가게 되는 사람도 있다.

　천계층의 태양과 영류(靈流)는 영계층의 주민일지라도 견딜 수 없을 만큼 밝고 강하다. 이 세계로 갈 수 있는 사람은, 인간계에 있을 때부터 사랑의 마음을 가지고 사랑을 행하고, 사랑을 세상에 넓히기 위하여 헌신적인 노력을 한 사람이며, 남의 행복을 위하여 자기를 희생시킨 사람인 것이다. 이와 같은 사람은 당연히 질투나 증오의 감정과는 무관하다.

이 천계층에도 수 없이 많은 마을들이 있다. 하지만 그 규모는 영계층에 비하여 굉장히 크고, 작은 마을일지라도 5천 명, 큰 마을이면 10만 명이라는 스케일이다. 이 세계에는 가지각색 크고 작은 갖가지 꽃들이 피고, 꽃밭에서는 황홀할 정도로 달콤한 향내가 흘러나온다. 더욱이 이들 꽃밭 건너에는 이루 표현할 수 없을 만큼 호화찬란한 큰 궁전이 세워져 있다. 그 아름다움, 찬란함은 인간계의 그 무엇에도 비유할 수 없는 것이다.

천계층의 영인들은 이 같은 형태나 색깔의 아름다움 뿐만 아니라 그것을 통하여 영의 마음을 즐기고 있는 것이다. 헌데, 이 천계층의 보다 더 위의 상공에는 천상계가 있다. 이 세계에는 생전에 깨달음을 얻은 사람만이 갈 수 있다.

이 천상계의 태양은 천계층의 주민도 눈을 뜨고 있을 수 없을 만큼 빛나고, 또한 영류(靈流)는 홍수와 같이 콸콸 넘치고 있는 것이다. 석가나 그리스도는 이 천상계에 살고 있다고 한다.

마지막으로, 지극히 높은 세계인 신계층(神界層)이 있다. 이 세계는 이른바 우주 전체를 다스리는 크나큰 존재가 전영계(全靈界)를 포괄하는 형태로 솟아 있는 세계여서, 이미 우리들이 인간계에서 엿볼 수 있는 수준을 훨씬 넘어서고 있다.

불전에 나타난 지옥

단테가 그린 지옥은 서양적 발상이다. 동양적 지옥 개념은 역시 불교의 영향이 크다고 생각된다. 샤머니즘으로 일컫는 무속 신앙, 도교 사상에도 불교의 색채가 강하게 풍기고 있는 게 사실이다.

불전에 의하면, 지옥은 8대 열지옥과 8대 한지옥으로 구성되어 있다.

8대 열지옥

① 등활지옥 : 살생한 자가 떨어지는 지옥.

② 흑승지옥 : 도둑질을 한 자가 가는 지옥.

③ 중합지옥 : 육욕(성욕)에 빠진 자가 가는 지옥.

④ 규환지옥 : 술을 많이 마신 자가 가는 지옥.

⑤ 대규환지옥 : 거짓말을 한 자가 가는 지옥.

⑥ 초열지옥 : 불교의 가르침을 믿지 않는 자가 떨어지는 지옥.

⑦ 대초열지옥 : 여승 등 계율을 지키고 있는 사람을 범한 자가 가는 지옥.

⑧ 아비지옥 : 부모 살인, 승려 살인, 불상을 부수거나 불교의 조

직을 어지럽힌 자 등이 떨어지는 지옥

8대 한지옥

① 알부타지옥(頞浮陀地獄) : 지옥에서는 추워서 천연두가 생기고 몸이 붓는다.

② 니라부타지옥(尼剌部陀地獄) : 지옥에서는 부스럼이 생기고 온 몸이 부어서 터지는 문둥병이 생긴다.

③ 알찰타지옥(頞哳陀地獄) : 지옥에서는 추워서 소리를 낼 수가 없어 혀끝만 움직인다.

④ 학학파지옥(郝郝婆地獄) : 또는 확확파(臛臛婆) 지옥에서는 입을 움직이지 못해 목구멍에서 괴상한 소리가 난다.

⑤ 호호파지옥(虎虎婆地獄) : 지옥에서는 입술 끝만 움직이며 신음을 낸다.

⑥ 올발라지옥(嗢鉢羅地獄) : 지옥에서는 추위 때문에 온몸이 푸른색으로 변한다.

⑦ 발특마지옥(鉢特摩地獄) : 또는 파드나 지옥에서는 추위 때문에 온몸이 붉게 물든다.

⑧ 마하발특마지옥(摩訶鉢特摩地獄) : 또는 마하파드마 지옥은 파드마 지옥보다 더욱 춥고 온몸이 더욱 붉게 물들며 피부가 연꽃 모양으로 터진다.

이런 지옥에는 4개의 문이 있고, 각각 4개의 부지옥과 거기에 작은 지옥 268개가 딸려 있으므로 계 272의 지옥이 존재한다.

[사자는 10만억토의 거리에 있는 저승길을 가는데 '삼도천'을 건 넌다.

죽은 자는 누구나 이 천을 건너야 한다. 천에는 악어들이 우굴 거리며, 저승도 지구의 인구 폭발과 마찬가지로 요즘에는 만 원이므로 나룻배가 가득 영을 실어 나른다.

이런 고통 지옥을 가까스로 건넜다 싶으면 노파가 기다리고 있 다가 사자의 옷을 뺏는다. 이때 지옥의 사자가 이들을 각각 인솔하 고 염라대왕 앞으로 끌고 가서 죄의 심판을 받도록 하는 것이다.

8대 열지옥의 아비규환

지옥에 대해선 열지옥과 한지옥이 있다고 했는데, 한지옥에 대해선 왠지 충분한 해설이 되어 있지 않다. 그래서 지옥하면 '열지옥'이라고 일반적으로 알려져 있는 것 같다. 지옥을 나타낸 그림에도 불길이나 연기만이 그려져 있는 것도 이 때문이다.

그런 열지옥의 양상을 좀 더 자세히 설명하겠다.

등활지옥(等活地獄) – '등활'이란 몸이 산산조각이 나도록 형벌을 받아도 또 다시 살아나고 미래영겁에 걸쳐 형벌을 받는다는 의미이다.

이런 지옥에 떨어지는 것은 살생의 죄를 범한 자인데, 그들은 자기가 저지른 방법과 똑같은 방법으로 고통을 겪어야 한다. 만일 사람을 칼로 베어 죽였다면 똑같이 칼로 난도질을 당한다.

독살했다면 역시 독약을 먹고서 고통으로 배를 움켜잡고 몸부림을 치게 된다. 더욱이 죽는 편이 차라리 낫다고 생각되는데 똑같은 고통을 수천, 수만 번 반복하여 당해야 한다.

지옥 여기저기서 '제발 죽여 주세요'하는 비명으로 가득 찼다고 한다.

흑승지옥(黑繩地獄) — '흑승'이란 뜨겁게 불에 달구어진 쇠사슬이다. 이 지옥에 떨어진 자는 뜨거운 쇠 널빤지 위에 뉘어진다. 이어 불에 달린 사슬 곧 흑승으로 온몸을 닥치는 대로 매질한다.

사살을 맞은 개나 소는 순간적으로 불에 타서 문드러지고 주위에는 살이 타는 냄새로 충만하다. 흑승을 맞는 동안 인간 통구이와 같은 상태가 되지만 그것만으로서 끝나지 않는다. 새빨갛게 달군 도끼, 톱 따위로 토막토막 잘리고 다져지는 것이다.

더욱이 그 만큼의 고통을 맛보아도 죄인은 죽음이라는 안락한 휴식을 택할 수가 없다. 시간의 흐름이 계속되는 한 한시도 쉬지 않고 그들은 고통을 겪어야만 하는 것이다.

중합지옥(衆合地獄) — 스스로의 욕정이 내키는 대로 불륜의 성관계를 맺은 자는 칼날 모양의 잎사귀를 단 나무들이 있는 숲속으로 몰아넣어진다. 나무를 올려다보면 아름다운 여인이 요염하게 웃으며 죄인을 손짓해 부른다. 죄인은 격렬하게 욕정하고 나무를 기어오르지만 칼날처럼 된 잎사귀가 그 살갗을 찌르고 베고 피를 흘리게 만든다. 그런데 나무 꼭대기에 이르면 어느덧 여인의 모습은 사라지고 없는 것이다.

아래를 굽어보았더니 그녀는 어느덧 은밀한 곳까지 노출시키면서 나무 아래에서 손짓하고 있는 것이다. 죄인은 몇 그루의 나무를 오르내리는 사이 온몸에는 피가 난자하게 흐르고 상처 투성이가 되는 것이다. 이런 중합지옥 옆에는 '다고뇌지옥'이라 불리는 특수한 지옥이 있다.

여기는 동성연애에 빠진 자가 떨어지는 곳으로서 생전에 관계를 맺은 자의 모습을 발견하고 뒤쫓아 가면 온몸이 불길과 같은 고온으로 싸이고, 상대편을 끌어안게 되면 온몸이 산산조각으로 터져 흩어진다고 한다.

남의 아내와 불륜 관계를 맺든가 애인 관계를 맺은 자도 역시 특별한 지옥에 떨어지고 온몸이 불타고 만다.

규환지옥(叫喚地獄) ─ 불교의 5계(五戒)의 하나로 '불음주계'라는 게 있다. 술을 마시고 수행을 게을리 하는 것을 금하는 것인데, 이런 계율을 깬 자는 이 지옥에 떨어진다고 한다.

지옥에는 옥졸이 기다리고 있다가 죄인을 쇠몽둥이로 두들기고 그 위에 펄펄 끓는 가마솥에 던져진다. 죄인은 큰소리로 울부짖지만 누구도 그 비명에 거들떠보지 않는다.

대규환지옥 ─ 혓바닥을 뽑는 염라대왕이 있는 곳이다. 거짓말로 타인을 현혹시킨 자는 불에 달군 집게로 혓바닥을 뽑힌다. 그때의 고통은 글로서 다 표현할 수 없지만, 뽑힌 직후에 또 새로운 혀가 생긴다. 그야말로 '혀가 둘 있는' 셈인데, 두번째의 것이 뽑히면 다시 세번째로 끝없이 형벌이 계속된다. 그리고 '대규환'이란 규환이 갑절의 괴로움이라는 뜻이다.

[역주 : 불교에선 '3업'이라 하여 몸·입·뜻(마음)에 의한 3가지 행위를 들고 있다. 이런 3업에 의한 죄는 다시 '10악'으로 분류되는데 곧 살생·투도(도둑질)·사음(정상적이 아닌 간음)은 몸

(육체)이 일으키는 죄악이다.

다음으로 입이 일으키는 죄악은 가장 많은데 곧 망어(망년된 말)·기어(터무니없는 말)·양설(두 혓바닥, 이말 저말 하는 것)·악구(욕설). 끝으로 마음에 의한 죄악으로 곧 탐욕·진에(분노)·우치(어리석음). 이것으로 거짓말의 죄가 얼마나 무겁다는 것을 알 수 있으리라.]

초열지옥(焦熱地獄) - 불교의 5계는 살생·도둑·사음·음주·망어인데 그것들을 어겼을 뿐 아니라 불교의 공리인 '제행무상'을 부정하는 자가 보내지는 지옥이다.

주위 일대가 불바다이다. 죄인은 온몸을 통구이 될 뿐 아니라 새빨갛게 달군 쇠꼬챙이로 항문부터 머리까지 꿰뚫려 내부로 부터도 불태워지는 것이다.

대초열지옥 - 여승이나 경건한 여신도에게 성적 폭행을 가한 자는 명렬한 불길 속에서 데워지고 말지만, 그 화력은 초열지옥 따위에는 미치지를 못한다.

예를 든다면 초열지옥이 촛불이라면 대초열지옥은 원자 폭탄이 폭발할 때의 중심 온도라고나 할까.

아비지옥(阿鼻地獄) - 진지한 불교도에 대해 해를 가하는 자가 떨어지는 지옥이다. 불교에서 가장 무거운 죄는 '오역죄'라고 불리는 '아버지 살인, 어머니 살인, 승려 살인, 부처에 대한 모독,

불교 교단의 평화를 어지럽히는 일'과 대승불교를 욕하는 '비방대승'이다.

이 지옥은 일명 무간지옥(無間地獄)이라고 불리우며, 열지옥의 가장 깊은 곳인 나락(奈落)에 위치한다. 말하자면 지옥 중에서도 최악의 장소이기 때문에 그 고통은 앞의 7지옥의 그것을 합계한 것보다도 가혹하다. 인간이 상상할 수 있는 고통의 전부가 주어지는 것이다.

발 밑에는 시체가 겹겹이 쌓이고 악취가 넘치고 있다. 시체로 부터는 숱한 구더기들이 기어 나와 움실거리고 죄인의 입이고 눈이고 코이고 온갖 구멍으로 기어 들어오는 것이다.

이상은 불전에 설명된 열지옥의 양상인데 이는 결코 상상의 산물은 아니다. 오랜 불교 역사상 깨달음을 얻은 고승들이 증언한 것이다. 그러니까 고승들은 좌선하면서 유체이탈을 하고 실제로 지옥을 견학하고 돌아오는 일도 있는 것이다.

왜냐하면 도저히 상상이나 전승만이라고 생각되지 않는 리얼리티를 느끼게 하기 때문이다. 그리고 불교의 고승 중에는 명상에 잠길 때 뇌파를 평탄하게 하는, 즉 뇌사의 상태에 스스로를 둘 수가 있는 사람이 있다. 이런 때 아마도 유체이탈을 꾀하고 5차원의 세계를 견문하고 있을 것이다.

수호령이란 누구인가?

앞에서는 여러 가지 '영(靈)'이나 '영현상(靈現象)'에 대하여 이야기하였는데, 영계에 있으면서 당신을 지켜 주고 보다 잘 살도록 하는 영혼의 그룹이 있다.

이들 영혼은 당신이 부자건 가난하건, 악인이거나 선인이거나를 막론하고 반드시 당신 곁에 존재하고 있다. 이것도 영현상에 나타나는 독특한 정신적 현상의 하나일 것이다.

여기에서 첫번째로 등장하는 것이 수호령(守護靈)이다. 수호령의 존재는 오래 전부터 불교에서 인정되어 왔었으나, 불과 20여년 전부터는 거의 대부분 사람들이 이것을 긍정하게 되었다.

수호령에 대하여는 수차 설명한 바와 같이 각각 우리 인간의 배후에 존재하면서 항상 영계로부터 우리를 보호하는 영혼이며 그룹 중에서는 가장 밀접한 영이다.

전술한 바와 같이 당신이 이승에 다시 태어나도 되는가를 수호신에게 묻는 것도 이 수호령이기 때문에 당신이 어떻게 인생을 보내는가를 항상 지켜보면서 '당신에게 행운이 있기를' 바라는 영이기도 하다. 그리고 당신이 죽어갈 때와 당신이 두려움 없이 영계로 갈 수 있도록 노력하는 것이 이 수호령인 것이다. 그러므로 당신과는 전생부터 연결된 중심적인 영인 것이다. 수호령은 다음과 같다.

배후령(輩後靈) – 이 영도 영계에서 이승에 있는 인간을 뒤에서 돕거나 행동을 뒷받침하는 영이다.

지도령(地途靈) – 배후령 중에서도 특히 직업이나 취미같은 목적을 위해 그 인간을 지도하는 영이다. 비범한 예술가나 배우 등 세계적으로 인정받고 있는 유명인사들은 우수한 지도령이 배후에 있기 마련이다.

이렇게 설명하면 충분히 이해하지 못하는 독자들이 있을 것으로 짐작되는데, 요는 당신을 보호하고 지도하는 이들 영이 강력한 힘을 가졌는가의 여부가 당신의 행운과 불운을 결정하는 것이다.

당신에게 있는 '영 그룹'이 허약하면 '운 나쁜' 일을 자주 만나게 되고, 그 반대로 힘이 강한 그룹이면 항상 '행운'을 맞이하게 된다.

사실상 역사적으로 행운을 누려왔던 왕족이나 장군들은 수호령·배후령·지도령에 둘러쌓여 있었다고 볼 수 있다. 그리고 영화 007의 '제임스 본드'같은 인간이 사실상 있었다면 훌륭한 영그룹[수호령단]의 보호를 받았다는 것이 된다.

결국 3가지 영뿐이 아니고 많은 영들이 집단을 만들어 모든 위험에서 지켜 주는 것이다. 즉, 원래 있었던 개인의 영이 많은 집단을 형성시켜 협조하게 만드는 것이다.

일반적으로 꾸밈없이 행동하는 인간, 즉 삐뚤어진 데가 없고 자기의 생각대로 정확하게 행동하는 인간, 모든 사람을 평등하게 여기면서 빈부와 신분의 고하를 막론하고 차별하지 않는 사람에게는 착한 수호령, 말을 바꾸면 강력한 수호령이 붙게 된다. 그리고 양성적인 인간인 것도 큰 의미를 갖는다.

그 이유는 양성인 사람은 양성적인 친구를 많이 갖게 되고, 이 친구들은 '영혼의 그룹'까지 집결되어 항상 많은 집단으로 둘러쌓이기 때문이다.

이 '영혼그룹'의 보호를 받고 있는 사람들은 대개 자기의 행운에 대하여 그 원인을 느끼는 경우가 많다. 불가사의하게 위험한 고비를 넘기거나 스릴을 맛볼 기회가 발생되기 때문이다. 이와 같은 사람들은 사업을 시작했을 때도 큰 사업으로 확장되면서 계속 행운이 뒤따라온다.

수호령의 보호 밑에서 '영'과 '영계'의 존재를 인식하고, 인간은 죽음으로 끝나는 것이 아니며 영원한 생명 속에서 다시 태어난다는 사실을 생활 속에서 믿고 의지할 때 더욱 즐거운 이승을 보낼 수 있게 된다.

그러므로 자기의 행운에서 수호령을 믿고 이 수호령의 힘을 빌려 현세에서 자기보다 어렵고 고통받는 사람들을 구제하려는 생활태도는 높이 평가받을만한 심령적인 삶의 구현이라 할 수 있다.

228

착한 수호령의 보호

훌륭한 수호령의 지킴 속에서 배후령에 의해 잘 지도를 받는 방법에 대해 누구나 관심을 갖게 된다.

앞에서 수호령은 전생에서부터 당신의 중심적인 영이라고 말했다. 그렇다면 이미 결정되었으니까 방법이 없는 것이 아닌가하고 생각하는 독자들이 있을 것이다. 확실히 수호령은 자기 쪽에서 선택하는 것은 아니다. 그러나 이것은 잘못된 생각이다.

수호령에 대하여는 항상 존경심을 갖고 인사를 올리는 습관이 필요하다. 아침 기상과 동시에 '밤새 안녕하셨습니까' 하고 인사를 올린다. 그리고 밤에는 취침 전에 '안녕히 주무십시오' '오늘은 수호령님 덕택으로 무사히 지냈습니다. 감사합니다' 라고 인사드린다.

요컨대, 자기의 수호령님과는 항상 커뮤니케이션을 잘 유지하고 있는 것이 중요하다. 우리가 생각할 것은 백명 중 몇 사람만이 항상 수호령의 보호를 받고 있느냐 하는 것이다.

나도 어느 시기까지는 수호령이 나를 지켜 준다고 전혀 생각하지 못했다. 그래도 수호령님은 사람마다 각각 침묵 속에서 지켜 주고 있는 것이다. 그러니까 매일 조석으로 수호령님에게 인사를 드리고 그분의 보호에 대해 감사하는 마음을 갖는다면 더욱 잘 보살펴 주게 된다. 이것을 쉽게 생각하면 개를 보살펴 주는 것과 비교하면 된다.

예를 들어 나나 당신이 두 마리 개를 키우고 있다고 가정하자. 한 마리는 아무리 맛있는 먹이를 주어도 잘 따르지 않고, 다른 한 마리는 아침에 얼굴만 보아도 꼬리를 치고 좋아한다. 이런 경우 당신은 어떤 개를 귀여워 하겠는가? 대답은 간단하다. 따르는 개에게 더욱 정이 들고 귀여워하기 마련이다.

수호령님도 이와 같이 보호에 대해 무관심한 인간보다는 자기를 믿고 항상 감사하고 있는 사람을 더욱 아끼고 사랑하게 될 것임에 틀림없다. 그러니까 항상 수호령님이 지켜 주고 있다는 것을 깨닫고 우선 감사하는 것이 중요하다고 생각한다. 항상 감사함을 느낀다면 아침저녁으로 인사하는 것이 당연하기 때문이다.

또 하나 중요한 것이 있다. 그것은 매일 자기의 생활이나 행동을 분명하게 하고 주위 사람들에게 불편함을 주거나 불성실하지 않도록 스스로가 주의를 기울이는 것이다. 수호령이란 상대가 어떤 형의 인간이던 그 사람이 이익이 되도록 지켜주려 하겠지만, 항상 타인을 괴롭히는 생활태도 때문에 즉각 보복이 왔을 때도 과연 보호할 수 있겠는가 하는 것이다. 그리고 항상 불성실한 생활 방식을 가진 사람이라면, 수호령이 등을 돌리지는 못하겠지만 지켜 주기는 어렵게 될 것이다.

여기에서 빙의령을 다시 한번 생각해 보자.

악령으로 빙의되는 것은 본인 스스로가 그러한 틈을 만들기 때문이다. 스스로 타락하는 혼령은 스스로 타락하는 인간을 좋아하고 증오의 화신과 같은 악령은 사랑을 모르고 증오에 매달려 사는 인간에게 붙는다.

자력으로 빙의할 수 없는 악령도 인간의 '생각'에 따라 빙의될 수 있는 것이다. 자기 스스로가 악령이 잘 붙을 수 있게 생각하고 행동한다면 수호령이 아무리 보호하려고 노력해도 지키지 못하는 것이 당연하다. 항상 수호령에게 감사하면서 커뮤니케이션을 잘 유지하고 자기 생활에 조심한다는 것은 다른 의미에서도 중요한 것이다. 그 까닭은, 수호령이 전생에서 저승까지 당신을 지키는 '중심적인 영'인 것이 확실해도 우리 일생 중에는 도중에 다른 수호령과 교체될 수 있기 때문이다.

이때 수호령은 뒤를 계승하는 수호령에게 어떻게 당신을 소개할 것인가? 항상 감사하고 잘 커뮤니케이션을 유지해 온 수호령은 당신을 위해 가급적 선량한 수호령에게 계속 보살펴 주도록 부탁하지 않을 수 없을 것이다.

이와 정반대라면 이 인간을 충분히 지킬 수 없는 입장이기 때문에 적당한 수호령에게 맡겨 버릴 것이며 장래를 부탁한다는 것은 생각할 수도 없다.

캐나다에서 만난 교포로 방랑화가인 A씨가 있다. 그는 일반적인 상식에서 볼 때 지적 능력이 보통을 넘지 못하는 평범인이다. 능력이 선천적인 '전생의 인연'이었는지 확실하지 않으나 그에게는 영계로부터 전승되어 온 훌륭한 화가적 재능이 있었다.

수호령님에게 인사를 드리고 그분의 보호에 대해
감사하는 마음을 갖는다면 더욱 잘 보살펴 주게 된다

그는 영계의 수많은 '마을'중 어느 한 마을에서 천재적인 소질이 양성된 것이다. 항상 남루한 옷으로 전국 방방곡곡을 그림을 위해 방랑하였으나 욕심도 없고 매사에 집념도 없는 듯한 태도였다. 특히 그는 남이 싫어하는 행동을 하지 않으므로 항상 많은 사람들로부터 사랑을 받았고 그들의 선량한 마음으로 둘러싸여 있었다.

그의 일기를 보면, 항상 수호령과 그의 독특한 언어를 통해 커뮤니케이션을 계속해 온 것을 알 수 있다. 풍경화를 그리기 위해 산속을 헤매다가 배가 고파 부득이 남이 가꾼 감자 같은 것을 캐먹는 일이 있었다.

이때는 반드시 '이 같은 짓은 잘못된 것이지만 배고프기 때문이니 주인 양반 양해하십시오…'라고 기도를 올리고 난 다음에 먹었다고 한다. 어떤 사람이 음식을 제공해 주면 '고맙게도 이것을 주셔서 잘 먹었습니다. 감사했습니다…'라고 솔직한 감정을 반드시 상대편에게 전했다.

이것은 보통 사람들이 이것저것 이해관계를 생각해 보고 참회하거나 감사하는 것보다 훨씬 솔직하고 순수한 고마움의 표현이다. 그러니까 A화가에게 사악한 저급령 같은 것이 빙의할 수 없는 것은 당연하다. 수호령의 입장에서 본다면, 이와 같이 지키기 쉬운 인간이 없을 것이고, 그만큼 수호령의 보호를 받고 있는 것이다. A화백과 같은 생활 철학으로 일생을 보낸 사람들은 영계에서도 상당히 좋은 위치를 차지할 수 있을 것이다. 지능 같은 것은 보통 이하일지라도 문제가 되지 않는다. 영계에서는 그것이 깨끗이 소멸되고 누구나 영격(靈格)만이 문제되기 때문이다.

수호령의 보호를 잘 받는 방법에 대해 자신이 없는 사람은 A화백과 같은 인생행로를 참고할 필요가 있다.

그의 그림과 행동·마음·자세 등을 살펴보면 지나친 집착심과 욕심이 없다는 것을 알 수 있고, 낙천적인 생활 자세가 얼마나 중요한가를 우리에게 가르쳐 준다. 이와 같은 생활 행동이 축척된다면 수호령의 따뜻한 보살핌을 받을 수 있는 인간이 될 것임에 틀림없다.

이 수호령 이야기를 끝내기에 앞서 당신 자신이 사후에 악령이나 저급령이 되지 않고 수호령의 도움으로 무사히 영계까지 갈수 있는 마음의 자세를 알아보자.

일반적으로 악령이나 저급령이라는 것은 '지박령' '부유령'이 되어 성불되지 못하는 영들인 것이다. 이와 같은 불행한 영들은 영계로 들어가지 못하고 오랫동안 자기가 죽은 장소나 혹은 생전에 집착했던 물체에서 떠나지 못하는 경우가 많다.

이와 같은 영이 되는 첫째 원인은 '영혼이란 것이 영원히 산다'는 것을 믿지 못하고 결국 '죽으면 끝이다'라고 생각하는 데부터 발생된다. 몇 번 반복하지만 이런 사람일수록 사후에 '자기가 죽었다'라는 것을 자각하지 못한다.

예를 들면 건널목 같은 데서 교통사고로 죽는 경우가 있다. 거기에는 자기와 똑같은 시체가 없는 것은 사실인데, 잠깐 자기 스스로를 보면 생전과 조금도 다름없는 형태로 존재하고 있다.

이때 '나는 죽은 것이 아니지 않느냐?'라고 판단해 버린다. 결국 '죽으면 그것으로 끝이다'라고 생각해 왔었는데, 자기가 볼 수 있기 때문에 '아직도 생각할 수 있고 여러 가지를 볼 수 있기 때문에 아직도 살아있다'라고 착각해 버리게 되는 것이다. 그 얼마후에 시체가 치워지면 더욱 더 '아직 살아있다'는 착각이 강해져 그대로 그 장소에 머물면서 '지박령'이 되고 만다.

자살 등도 이 같은 일이 쉽게 생긴다. 죽음으로 괴로운 모든 것을 청산하려고 죽었는데, 오히려 '나는 아직 살아있지 않은가?'라는 착각에 빠지기 쉽기 때문이다. 자살자가 많은 장소, 또는 자살한 집에 '부유령'이 많거나 남아있는 것도 이렇게 생각하면 이해가 쉬울 것이다. 그리고 이 세상에 살 때 지나치게 집착이 많아도 이 같은 일이 생긴다.

주광(酒狂)도 빙의현상인 경우가 많은데, '더 마시자'라고 생각한다. 그러나 사실상 죽은 것이니까 스스로가 마실 수 없다. 그러니까 호주가에게 달라붙기 마련이다.

여기에서 문제가 되는 것은 과연 이런 것을 피할 수 있느냐 하는 것이다. 중요한 것은 '육체는 죽더라도 영혼은 영원히 산다'는 것을, 살고 있을 때부터 충분히 인식하고 만일 죽었을 때는 빨리 '죽음의 자각(自覺)'을 체득하도록 하는 것이다. 그리고 동시에 '죽음의 자각'을 방해할 정도의 지나친 애착이나 집착심을 살아 있을 때부터 갖지 않도록 하는 것이다. 수호령에 의해 잘 보호받을 수 있는 마음, 저급령이 되지 않을 수 있는 정신적 자세는 의외로 일치하는 경우가 많다는 사실을 충분히 기억할 필요가 있다.

사후의 세계는 즐거운가, 괴로운가?

　'영원한 생명' 즉, 이 세상에서 죽어도 '심령'이 되어 영원히 살
수 있는가? '영계는 존재하는가?'와 같은 문제에 대해 전혀 모르
는 사람이 있는가 하면 고의로 알려고 하지 않는 사람들이 많다.

　나는 '영계'도 '영원한 생명'의 존재도 절대 확신하고 있는데 일
반적으로 세상 사람들이 그렇지 못한 것은 처음에 말한 바와 같이
과학때문인 것이다. 그러나 반면에 최근에는 과학의 힘에 의해
'영이나 사후의 생명=영원한 생명'의 탐구가 시작되고 있다.

　예를 들면 죽어 가는 사람의 체중을 측량하고 확실히 무엇
인가 육체에서 빠져나가는 것이 있다. 그 무게는 35g이라는
실험을 한바 있는 독일의 과학자 구루프도 있고, 네덜란드의
젤리트 박사는 죽어 가는 환자 체중을 측정하고 임상적으로
죽는 순간에 체중이 정확히 69.5g의 감소를 보고하고 있는 것
이다.

　이와 같은 '중량'은 어데로 가는 것인가? 자연스럽게 알 수 있
는 것은 그것이 영혼의 무게이고, 죽음과 동시에 '영계'를 향해
여행을 떠난다고 할 수 있다. 즉, 영계의 존재를 증명하는 한 가
지가 되는 연구인 것이다. 그러나 전체적으로 이 '영'을 과학적인

힘으로 증명하려고 하면 아직은 충분하지 못하다. 단편적이거나 가설일 때도 있고… 각기 충분한 의미를 갖고 있으면서도 전체적으로 분명하느냐 하는 점에서는 진실과 상당히 거리가 먼 것이다. 그러면 나는 왜 이 '영계의 존재'를 확신하는가?

우선 첫째는 앞에서 설명한 바와 같이 '다시 태어난다'는 사실이 있다는 것이고, 두번째는 '영'이나 '영계의 존재'를 직접 나타내는 여러 가지 현상, 결국 '영현상(靈現象)'이 우리들의 주위에서 많이 발생되고 있다는 사실이다.

세번째는 '사후 소생자' 즉 '가사(假死)체험자'의 보고이다. 여기에서는 우리의 주위에 어떤 심령현상이 있는가를 관찰해 보자.

심령현상에는 영청(靈聽)·영시(靈視)·자동서기(自動書記)·염사(念寫)등 여러 가지 현상이 있는데 이것들은 모두가 영계와 밀접한 연관을 갖고 있다.

그 실례는 뒤로 미루고 우선 가까운 주위의 이야기부터 시작하자.

일본의 일가족 살인사건

지난 1993년 6월 28일 오후 도쿄의 렌바구(練馬句)에서 발생된 회사원 부부와 아이들을 포함한 일가족(5인) 살인사건은 토막 토막 참살 당해 상식적으로 범인의 정신상태를 의심할 정도였다.

피해자는 양서판매회사 사원인 시라이 아끼라(白井明 ·45세)씨 가족이고, 살인자는 부동산업자인 도모꾸라(朝倉畢治鑛48세)인 것이 수사 결과 확인되었다.

사건은 법원의 낙찰을 통해 도모꾸라씨가 시라이의 주택을 매입했으나 집을 비워 주지 않아 이것이 원한 관계로 발전되어 처참한 살인사건으로 확대되었다.

부동산업자인 도모꾸라는 이 집을 이미 다른 사람에게 전매했으므로 양도하지 않으면 잔금을 받을 수 없을 뿐만 아니라 은행의 융자금 이자(월 100만엔)까지 독촉받고 있어 궁지에 몰려 있었다.

범인은 대단히 철저한 성격이었으므로 약속을 지키기 위해서는 수단과 방법을 가리지 않는 편이었고, 22년 전에 평소 품행이 단정치 못하다고 식칼로 목을 찌르는 사건도 있었다.

이 사건 발생 2일 후에 카나카와현의 오따와라시에서도 노부부와 둘째 아들 부부가 살해되고, 그 뒤에 행방불명이던 4남이 나타나고 자살한 사건이 일어났다. 조사 결과 4남(35세)이 노부부와 둘째형 내외를 재산 상속문제로 싸운 끝에 권총으로 머리와 가슴을 쏴 즉사시키고 자기도 자살한 것으로 밝혀졌다.

이것도 금전적인 사건이지만 대단히 참혹한 대량 살인임에 틀림없다.

악령에 의한 빙의현상

두 가지 사건을 여기에서 인용한 것은 이 같은 끔찍한 범인에게는 반드시 빙의령과의 상관성이 깊기 때문이다. 독자분들 중에는 시대적, 금전적인 난맥상이 팽배되고 있으니까 있을 수 있는 사건이라고 혹시 생각할지 모르나 이 같은 대량 살인은 흔한 일이 아니다. '쫓기다보니까 마(魔)가 껴서…'라고 흔히 말하지만 '돌연 마귀가 나타난다'는 뜻은 무엇인가를 한번 깊이 생각해 볼 필요가 있다.

일반적으로 그 같은 돌발 사고는 흔한 것이 아니다. 그러나 자기도 모르는 순간에 마귀가 침범되는지도 모른다. 어떤 경우는 끝났다고 포기하는 순간에 마귀를 붙게 만든다는 사실이다.

'마귀가 붙었다'는 것은 빙의령에 휘말렸다는 것 이외에 아무것도 아니다. 이렇게 말할 때 대개는 '빙의령한테 침범당한 것이니까 본인에게 책임이 없는 것이 아닌가?'하고 질문한다. 그러나 이것은 잘못된 것이다. 빙의령이 달라붙었다는 것, 그래서 보통 생각할 수 없는 범죄를 저지르고마는 허점이 본인에게 있었기 때문이다.

이 두 가지 사건에서도 그것이 나타나고 있다. 첫번째 범인은 참을성이 없는 성격이고, 두번째 살인자도 방랑벽과 무책임한 생활습관에 젖어 있다가 돌연 나타나 근친 살해를 한 것이다.

이들은 빙의령이 달라붙었으므로 이상할 것이 없는 사람들인 것이다. 빙의령이 달라붙었다는 사실은 역시 악령과 '영파(靈波)'가 일치하기 때문이므로 대량 살인할 수 있는 범인은 이 같은 나쁜 영과 영파가 일치되는 요소를 갖고 있다고 볼 수밖에 없다.

이같은 지박령(地縛靈)이나 이 세상에 대해 강한 집착을 가진

영, 또 이 세상과 중복되고 있는 저 세상의 저급령 등에 빙의될
수 있는 기회는 누구에게나 있다고 할 수 있다.

그러면 어떻게 하여 이 같은 영에 빙의되지 않고 지낼 수 있는
가? 상세한 것은 뒤에 설명하겠지만 첫째는 '수호령'의 보호를
받는 것이 가장 현명하다. 항상 수호령과의 원만한 관계를 유
지하는 것이다. 원만한 관계란, 매일 아침에 일어났을 때나 취
침 전에 '수호령님! 안녕하십니까?' 또는 '수호령님! 안녕히
주무십시요'라고 인사드린다. 그리고 보고할 일은 마음속 깊
이 애정을 갖고 말씀 드리는 것이다.

이와 같이 커뮤니케이션에 의해 '수호령'이 당신을 보호하고
보살펴 주기 쉽게 된다. 동시에 스스로가 악령에 붙들리지 않도
록 틈을 주지 않는 것이다. 즉, 마음속으로 애정을 확대시켜 나간
다. 또 침범할 틈을 주지 않기 위해 항상 마음 깊이 확신을 갖고
'죽는다고 결코 그것으로 끝이 아니다'라고 명심해야 된다.

이 같은 생각을 갖고 이 세상을 산다면 어려운 일이 닥치더라
도 괴로워하지 않고 증오심에 휘말리지 않고 편히 지낼 수 있기
때문이다.

앞의 살인사건과 같이 자기 독선과 증오심에 불타는 사람은 악
의 화신과 같은 악령이 붙기 때문에 평소 생각할 수 없는 엄청난
범죄를 만들게 된다. 그리고 이 같은 사건이 빙의령과 관계가 있
다는 것을 이해한다면, 영의 존재, 영계의 실존뿐만 아니라 자기
스스로가 수호령의 보호를 받고 있으므로 이와 같은 죄와도 관계
없이 편안하게 지내는 것이라고 확신하게 된다.

빙의현상이란 무엇인가?

나는 자살이란 것도 빙의령과 관계가 깊다고 믿고 있다. 대개 정신적인 질환인 노이로제 같은 것으로 정신병원에 입원하는 예비 자살자들이 많다. 탁월한 영능자들은 이들이 악령에 빙의된 정신신경과 환자인 경우가 많다는 사실에 놀라고 있다.

'세상만사를 자기 본위로만 생각하는 상태'가 상당 기간 지속되면 얼마 후에 이와 비슷한 성질을 가진 '부유령(浮遊靈)'에 의해 포위되고 만다. 이런 상황에서는 특별한 조치가 없는 한 노이로제 상태가 호전되지 못하고 점차 악화되기 마련이다.

여기에서 자살자와 수호령과의 관계를 살펴보자. 우리 인간이 선량한 수호령의 보호를 받으려면 항상 명랑하고 긍정적이며 유쾌한 성품을 지니는 생활태도를 지니는 것이 중요하다. 또 명랑하고 밝은 성품의 친구들이 주위에 많이 있으면 그 친구들의 수호령까지 가세되어 자기의 보호벽도 두터워진다. 그러므로 마음속 깊이 선량한 수호령의 보호를 받으면서 비정상적인 부유령이 접근하지 못하도록 하면 아무리 고통스러워도 자살하는 행위를 감히 할 수 없게 될 것이다.

그렇다면 악령(惡靈)에 피곤해지는 즉, 빙의된다는 것은 무엇인가? 그중의 하나에 지박령(地縛靈)이라는 것이 있는데, 이것은 '마(魔)의 건널목' '마의 커브'같은 곳에서 가장 많이 생긴다. 이 같은 장소에서 사고로 죽은 인간의 혼령이 그 땅에 있다가 건물이나 차에 붙어 문제를 일으킨다[자주 사고가 발생되는 자동차는 본인의 부주의 때문만이 아니고 빙의에 의한 경우가 많다]. 수호령의 충분한 보호가 없는 사람이 통과할 때 영파(靈波)가 같으므로 순간적으로 들러붙는 것이다.

그 다음에 많은 것은, 이 세상에 강한 미련이나 집착심을 남겼기 때문에 영계로 넘어가지 못하고 부평초같이 이곳 저곳을 헤매는 혼백인 '부유령(浮游靈)'이다. 우리는 떠돌이 부유령의 빙의를 막기 위하여 헛된 망상과 악습을 버려야 하겠다.

빙의는 어떻게 해결해야 하는가?

지금까지 수많은 사람들이 나를 찾아와 상담을 받거나 치유를 했는데 대부분 빙의가 되거나 우울증 등 불치, 난치병으로 심한 고통을 받고 살아가는 이들로서 현대의학으로도 해결되지 못하는 소위 현대병 환자들이었다.

이들의 공통점은 전생과 금생을 살면서 본인도 모르는 사이에 빙의가 되었다는 것이며, 그 업보 또한 매우 큰 것이었다. 따라서 태어나면서부터 바른 마음가짐이 얼마나 중요한가를 아래 사례들에서 알 수 있을 것이다.

1. 첫 번째 사례는 말을 하면 목이 메여서 말을 제대로 이어

가지 못하는 신도분(청주, 57세, 남)이 있어서 치유를 하던 중에 우리들이 흔히 무심코 하는 말이 얼마나 무서운 것인가를 알게 하는 사례이다. 알고도 죄를 짓고, 모르고도 죄를 짓고, 남을 시켜서도 죄를 짓는다는 게 나타난 사례이다.

그 내용인 즉, 죽은 영가가 교통사고로 의식불명 상태로 계속 몇 달이 지속되자 가족들 중에는 쾌유를 비는 분들이 있는가 하면, 빨리 북망산으로 가기를 바라는 분들이 있다. 그런데 중요한 것은 환자가 비록 식물인간으로 있다 하지만 그 대화내용을 듣고 있다는 것이다. 비록 몸을 움직이지 못해서 그렇지 의식은 살아 있기 때문에 그 말을 듣고 있던 것이다.

이 사례는 그중의 일부로서 경각심을 일으키기 위해서 이야기를 한 것이다. 환자가 의식불명에서 죽음의 갈림길에 있을 때에는 삶에 대한 애착이 어느 때보다 강하다.

그런 투병생활을 하고 있는 중에 집안에 고모부되시는 분이 그 환자 앞에서 가족들에게 그만 안락사를 시키자고 이야기를 무심코 했는데 그 이야기를 들은 환자는 얼마나 기가 막히고, 그들을 원망했는지 이루 말로 표현할 수가 없었다.

그런 얼마 후 환자는 사망하였는데 그 고모부의 말 한마디가 원한이 되어서 북망산으로 가지도 못하고, 그 영혼이 고모부의 딸 몸으로 들어왔다.

그 결과 딸은 멀쩡하다가 갑자기 말을 하면 목이 막혀 잘 이어가지를 못해서 찾아온 경우였다. 겨우 죽은 영가 앞에서 고모부의 진실한 참회로 서로의 원한을 풀어준 사례이다.

이처럼 우리가 무심코 한 말 한마디가 상대방에게 엄청난 원한을 살 수 있다는 것을 명심해야 한다.

2. 빙의중에서도 가장 힘든 것이 원한령인데, 이 원한령은 사람보다는 동물이나 짐승인 경우가 더 많다. 자연계에서는 약육강식이 당연하지만 필요이상의 살생을 하는 것은 인간들 밖에 없다. 아래 이야기는 필요이상의 이 살생이 가져온 사례이다.

이 환자(수원, 54세, 남) 는 전신이 뒤틀리는 병을 가지고 있었는데, 아버지께서 예전에 밭에서 일을 하실 때 뱀을 보고 삽으로 달아나는 뱀을 쫓아가서 조각조각 찍어서 죽였는데 죽은 그 뱀의 원혼이 빙의가 되어 복수한 사례이다.

3. 남편이 먼저 죽고 아이 하나를 데리고 사는 여자(대구, 56세, 여)가 있었는데, 생활이 너무나 힘들고 지치자 자살이라는 극단적인 생각까지 자주 하게 되었다. 그렇지만 아이 때문에 실행을 하지 못하다가 그만 우울증에 걸리게 되었다. 그렇게 되자 같은 상황에서 죽은 영가가 접신이 되어서 이 여자를 데리고 갈려고 밤마다 나타나는 바람에 하루하루를 지탱한다는 것이 너무 힘들었다. 그러던 어느 날 자는 죽은 영가를 불러내 원혼을 달래주는 의식을 해주었는데 그 후 새로운 삶을 찾게 된 경우이다.

4. 대부분의 조상 영가들은 자식들이 잘 살아가는 모습을 보면 본인들의 길을 가지만, 그렇지 못한 경우에는 마음이 무거워서

영계로 쉽게 가지를 못하고 구천을 헤맨다. 해서 자손들을 도와주려고 하지만 영가의 힘이 없다. 그렇지만 도와주려는 그 마음 자체가 나쁜 기운이 되어서 자손들을 더 힘들게 하는 경우도 있다. 이런 경우에는 조상을 불러서 이야기를 해주면 쉽게 해결된다.

5. 산중이나 집에서 기도를 잘못 하여서 접신된 영가들은 쉽게 그 몸을 잠식한다. 그 결과 영가가 마치 신이라도 된 것처럼 행동하는 경우가 있는데, 이 경우에는 상태가 좀 심각하다. 본인이 원하기 때문에 영가를 몸에서 떼어내는 게 쉽지 않다. 이렇게 빙의된 사람은 변덕이 심하고 몸도 원인 없이 아파서 가족들을 힘들게 한다.

6. 10대, 20대 여성들이 꼭 명심해야 할 부분이 있다. 이런 저런 이유로 낙태를 시키는 경우가 많은데 태아령, 수자령인 경우에는 꼭 원혼을 달래주어야 한다. 그렇지 않으면 낙태를 한 여자는 원인 없이 자주 배가 아픈 경우가 있는데 오래가지는 안고 쥐어뜯는 고통을 받게 된다.

옛날 프랑스 영화로 이승과 저승의 중복성을 훌륭하게 표현한 '올페'를 중년 이상의 독자들은 기억할 것이다. 파리의 화려한 거리를 '이 세상 사람들'이 즐겁게 대화하면서 걸어가고 있었다.
카페의 테라스에서는 젊은 연인들이 정답게 대화하고 있었다. 그런데 여기에 있는 사람들과 침묵 속에서 어울려 다니면서 앉거나 서 있는 저 세상 사람들이 등장하고 있었다. 침묵하고 있는 사람들의 대화가 들리기 시작하면 이번에는 이 세상 사람들의 대화가 들리지 않게 된다. 결국 같은 장소에 있으면서도 이 두 종류의 인간들이 보는 세계는 전혀 다른 것인데, 서로 볼 수도 없고 서로 알 수도 없는 묘한 세계이다. 저 세상과 이 세상은 보통의 경우 이와 같은 관계인 것이다.

자살자가 본 사후세계

　사람은 누구나 한두 번쯤 자신의 손에 의한 죽음, 이른바 자살
을 생각한 일이 있을 것이다. 괴로운 상황에 처했을 때 사람들은
자기를 비극의 주인공으로 만들기 쉽기 때문이다.

　그와 같을 때 죽음이라는 것이 지극히 용기 있는 행동으로 보
이게 되고, 괴로운 경지에서 빠져나가는 유일한 방법이라고도 생
각하게 마련이다.

　나 자신도 그와 같은 생각을 했던 일이 있었다. 내가 자살을,
혹은 동반 자살을 생각한 일은 여러 차례나 있었다. 괴로울 때,
역경에서 아무리 발버둥쳐도 빠져나갈 수 없는 상태로 몰리고
말았을 때의 일이었다. 특히 2차대전 종전을 외지에서 맞은
나 같은 이에게 있어서는 죽음 이외에 자기를 살리는 방법은
도저히 없다는 막다른 골목까지 몰리고만 일이 있었다.

　먹고 싶어도 먹을 게 없고, 먹을 게 있으면 돈이 없었다. 항상
남을 지배하던 입장에 있던 사람이 피지배자의 입장에 놓였을
때, 자신에게 쏟아지는 눈초리는 온통 차갑고 적개심에 가득 차
있었다.

　숨을 쉬는 데도 주위의 눈치를 살피지 않으면 안 되는 극히 냉

엄한 상태로 몰렸을 때 사람은 죽음, 즉 자살을 생각하게 되는 것 같다.

세상에는 죽음을 생각하면서 죽지 못하고 살아가는 사람들이 많이 있다. 내가 알고 있는 어느 연예인은 몇 번씩이나 죽음을 생각하고, 자살을 생각하고, 또한 죽음을 원하고, 약을 먹고 자리에 눕는 날이 많았다고 한다. 허지만 역시 죽을 수 없었다.

비단 예능인만이 아니다. TV방송국의 PD 중에도, 중소기업 사장 중에도 '더 이상 사업을 꾸려나갈 수 없으니, 아주 자살해버리고 말까 하고 생각한 일이 몇 번 있었습니다.'고 말하는 사람이 있었다.

죽는 용기, 사는 용기, 어느 쪽이건 쉽지 않은 일이다. 허지만 인간은 인간으로 태어난 이상, 살아가는 길을 걷지 않으면 안 된다.

최근의 경향으로 보면 특히 두드러지는 게 자살자 가운데는 육체 노동자보다도 정신 노동자의 수가 많다는 것이다.

물론 여성도 있다. 정신적인 면에서 연약한 걸 이기지 못하는 여성도 많다. 특히 빠뜨릴 수 없는 것이 젊은 10대의 학생들이 저지르는 자살인 것이다.

사람인 이상, 아무리 괴로워도 살아가는 길을 가지 않으면 안 된다. 허지만 사는 괴로움에서 도피하는 일이 스스로의 생명을 끊는 자살이라는 동기가 되고 있는 것 같으나, 자살이라는 수단이 과연 괴로움에서 영원히 도피하는 일에 이어지는 것일런지?

나는 죽음이 모든 것의 끝은 아니라고 생각하고 있다. 죽음은 새로운 생명에의 출발이며, 하나의 죽음을 가지고 모든 것에 종지부를 찍힌다고 생각한다면 잘못이 아닐런지?

현실의 괴로움 이상으로 사후세계에도 괴롭고 무서운 일들이 분명히 존재하고 있다. 죽음이라는 것을 진정으로 진지하게 포착했을 경우, 스스로 생명을 끊는다는 행위는 취할 수가 없을 것이다. 죽지 않고 사는, 죽지 않고 고통 속에서 스스로를 강하게 만들어 가는 것으로 인생을 멋지게 만들어 간다는 마음가짐이 바람직하다고 생각한다.

사는 일에 패배한 사람이 저승인 사후세계에서 안주할 수 있을 것인가? 아니 절대로 안주할 수 없는 것이다. 그 일은 자살에 실패한 많은 사람들 스스로가 체험을 통하여 인정하고 있다.

자살 미수로 그쳤으니까 그래도 다행한 일이다. 만약 미수가 아니었던들 어떻게 되어 있을 것일까? 생각만 해도 소름이 끼치는 일이다.

제2의 운명과 내가 가는 길

나의 출가 동기는 잠시 현실도피용으로 절에 간 것이 인연을 따라 출가를 하였습니다. 수행 도중에도 한동안은 몸만 절에 있었고 마음은 항상 속가에서 벗어나지 못했습니다.

게(偈)을 받고나서도 한동안 속가에서 완전히 벗어나지 못하고 방황을 하던 중에 경주시 산내면 신불산 법홍사에서 주지 소임중에 새벽도량을 돌던 중 찰라에 눈에 미끄러져 낭떠러지 절벽으로 떨어졌습니다.

그 당시의 나는 무척이도 건강한 편이었기 때문에 삶과 죽음에 대해 별 생각이 없었고, 이렇게 사는 것이 죽는 것보다 못하다는 생각을 자주 하였습니다. 그런데 절벽에 떨어져 머리가 다 깨어지고 팔 다리가 부러져 사람이라고는 볼 수 없는 겨울의 산사 새벽에 눈 속에 파묻혀 피를 흘리면서 나 혼자 죽음의 공포와 맞닥뜨렸을 때는 그 모든 것이 사치였다는 것을 알았습니다.

그때의 심정은 오직 살아야 되겠다는 그 일념뿐이었습니다. 구사일생으로 부처님의 가피로 살아나게 되었습니다. 119구급차에 실려서 서울 삼성병원으로 이송중일 때 나는 구조대원에서 승려라는 신분도 잊고 살려 달라는 말 밖에 하지 못했습니다. 누구도 죽어보지 못했기 때문에 아니 죽음을 매일 접하면서도 그것은 항상 타인의 일이었지 나하고는 전혀 관계없는 일인 줄로만 알고 살아온 나 자신이 막상 죽음이란 공포 앞에서는 한없이 작아지고 비참한 모습을 보게 되었습니다.

병원에 도착한 뒤 며칠이 지나 얼굴과 몸에 부기가 빠지고 수술 날짜가 잡히자 수술 전날 인턴으로 부터 수술 내용을 전해 들었을 때, 나는 또다시 절망감과 공포에 휩싸이게 되었습니다.

머리를 절개하고, 두 눈을 빼고, 얼굴껍질을 걷어내고, 입안 위쪽을 절개해서 얼굴에 난 상처를 수술한다는 말을 듣고, 수술 도중에 죽어도 책임을 묻지 않겠다는 확약서에 싸인을 하였습니다. 그날 밤의 공포는 이루 말할 수가 없었습니다.

이튿날 수술대에 실려서 수술실로 들어가는 그 통로가 마치 몇 키로나 되는 것처럼 한없이 길게 느껴졌습니다. 잠시 본인 확인을 하고 마취를 한 후 수술을 하게 되었습니다. 그런데 그때 나는 분명히 보았습니다. 수술을 당하고 있는 내 모습과 의사들의 대화내용을 너무나도 선명하게 내 머리에 각인되었습니다. 사고가 난 뒤로 너무 공포와 죽음을 함께 해서 그런지는 몰라도 그때의 모습은 잊어버릴 수가 없습니다.

수술대 위 약 3미터에서 내 모습을 지켜보았고, 수술을 당하면서도 내 몸이 움직이고 있다는 것을 보았습니다. 완전히 내 몸과 영혼이 분리된 것이죠.

그런데 그런 모습을 보고 있는 또 다른 내가 있다는 것도 알았습니다. 그런데 지켜보기를 약 3분 정도 하고 난 뒤 내 몸이 갑자기 어디론가로 빨려 들어갔습니다. 끝이 없을 것 같은 캄캄한 동굴 속을 엄청난 속도로 빨려 들어갔습니다. 그런데도 그 시간은 아주 순간적이었습니다. 그곳에는 나와 같은 무언가가 있었는데 형체는 없었고, 느낌으로 조그마한 불빛 같은 존재로만 느껴졌습니다. 그리고 말은 없는데도 무슨 말을 하는지 알아들을 수가 있었습니다. 모두가 다 나랑 같이 여기가 어딘지 의아해 하는 분위기였습니다.

그곳에서 얼마나 머물렀는지는 모르겠지만 느낌으로는 엄청 시간이 많이 간 것처럼 느껴졌습니다. 내가 다시 몸으로 돌아왔을 때에는 중환자실에서 깨어났는데 아주 멀리서 나의 어머님께서 내 이름을 부르는 목소리를 들었습니다. 그 목소리를 찾아서 온 것이 아마도 다시 살아난 것 같습니다.

깨어났을 때의 평온함은 말로 표현할 수가 없을 정도로 편안하고 안락했지만 그 순간은 아마도 몇 초도 되지 않았을 것이지만 느낌으로는 시간을 말할 수는 없습니다. 곧이어 찾아오는 육체의 고통은 실로 감당하기 어려웠습니다.

마취가 깨어나면서 온몸을 찢어서 수술을 한 고통이 엄청났기 때문입니다. 온몸을 둘러보니 전체가 호수로 끼워져 있었습니다. 그리고 곧바로 진통제로 잠이 들었습니다.

퇴원을 한 후 절에서의 생활은 나에게 또 다른 고통으로 다가왔습니다. 의사도 다음 얼굴 수술을 할 때까지는 거울을 보지 말라고 할 정도로 얼굴이 흉측했었습니다. 그러니 자연히 주지 소임은 보지 못하고 뒷방에서 생활을 했습니다. 그 때의 내 마음은 살았다는 것이 원망스러웠습니다. 도저히 이 얼굴로는 정상적으로 삶을 살수가 없을 것 같아서 모든 걸 포기하려고 했었습니다. 나무에 목도 매달아 보고 여러 가지를 시도해 보았지만 뜻대로 되지 않았습니다.

그 당시의 나는 대인기피증과 우울증, 자폐증 등 모든 나쁜 것은 다

겪어야 했습니다. 그러던 중 경전을 보던 중에 자살은 아주 나쁜 것이라는 것을 알게 되었고, 이 몸을 포기하는 방법 중에 최고의 선택인 기일을 정하지 않고 기도를 하기 시작했습니다. 아주 절실하고 간절한 일념으로 극락세계에 태어나기를 발원하고, 낮에는 절에 신도들이 오니까 밤을 기해서 기도를 하게 되었습니다. 하루해가 지면 목탁을 들고 산속으로 들어가 다라니 기도를 했습니다.

발원은 오직 빨리 이 흉측한 몸을 버리고 극락세계에 태어나기를 발원하는 기도였습니다. 얼마나 했는지도 모릅니다. 비가 오면 비를 맞고 눈이 오면 눈을 맞고, 춥고 덥고 이 모든 것에 대해 감각이 없어질 때쯤 내 몸에 이상한 일들이 무수히 많이 일어났습니다. 그 일들을 이야기하면 나를 미쳤다고 할 것입니다. 그렇지만 이것 하나만은 알았습니다. 극락세계는 그냥 가는 것이 아니라는 것을.

많은 선행과 보시를 해야 하는데 나한테는 가진 것이 하나도 없었습니다. 그러던 어느 날 기도중에 나에게 조그마한 가피가 하나 생겼습니다. 나같이 힘들고 괴로움을 당해도 누구에게 이야기를 못하고 혼자 어려운 선택을 해야 하는 사람들에게 힘과 용기를 보낼 수 있는 아주 조그마한 원력이 생겼습니다.

그날 이후로 나는 그 가피로 몸과 마음이 지친 사람들에게 보탬이 되는 일을 하기 시작하였고, 그 원력과 보시로 극락세계로 가야 한다는 것을 알 수가 있었습니다.

다행히도 나의 미진한 능력으로 각종 병마로 고통받던 많은 분들을 치유하게 되었고, 그분들에게 새로운 삶의 희망을 되찾아 주었던지 고맙고 감사하다면서 찾아주시는 분들을 볼 때마다 내가 살아가는 의미를 찾았습니다.

그 일이 있고 난 뒤부터 확실하게 생각하는 나와 행동하는 내가 하나이면서도 하나가 아니라는 것을 분명하게 알게 되었습니다.

지금은 불보살의 가피로 지족상락(知足常樂) 조그만한 것에도 감사하고 만족하게 수행정진하고 있습니다.

서울 보덕사에서
정인스님 합장

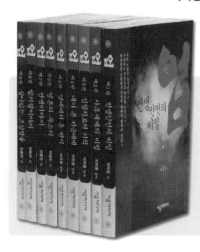

편저자 약력

경남 양산 통도사 성전암 도승스님을 은사로 출가 수행
법력으로 수많은 빙의환자들을 치유. 퇴마사로 활동중
현 서울 보덕사 주지

발행 | 2024년 5월 15일
발행처 | 서음미디어
등　록|제7-0851호
주　　소 | 서울시 동대문구 난계로28길 69-4
Tel | 02) 2253 – 5292
Fax | 02) 2253 – 5295

편저자 | 정인스님
발행인 | 이관희
표지일러스트 | Arahan
편집 | 은종기획

www.seoeumbook.com
ISBN 978-89-91896-90-1